AF453644

NOUVELLE
GRAMMAIRE FRANÇAISE

ADOPTÉE

POUR LES ÉCOLES DE LA VILLE DE PARIS

PAR

L. SAINT-GERMAIN

—

PREMIÈRE PARTIE :

PETITE GRAMMAIRE ÉLÉMENTAIRE

RÉDIGÉE

Conformément au programme officiel du Cours élémentaire
des écoles de la ville de Paris

PAR M. E. RICHEZ

Inspecteur primaire, ancien professeur de l'enseignement spécial
au lycée de Douai

REVUE PAR

M. A. CHARLES

PROVISEUR DU LYCÉE DE DOUAI

PARIS

IMPRIMERIE, LIBRAIRIE ET PAPETERIE CLASSIQUES
GEDALGE JEUNE
75, RUE DES SAINTS-PÈRES, 75

AVANT-PROPOS

La *Petite Grammaire élémentaire* que nous publions aujourd'hui forme la première partie d'un *Cours de Grammaire complet*, conforme au programme officiel des écoles de la ville de Paris.

Elle se borne à donner aux enfants, en quelques règles courtes et précises, les premières notions sur les *lettres*, les *syllabes*, les *mots*, le *nom*, les *genres* et les *nombres*, les *adjectifs* et les *verbes*.

Ces règles sont suivies de nombreux exercices soit d'application, soit d'invention, qui permettent aux élèves de se familiariser promptement avec elles et de les graver fidèlement dans leur mémoire.

La concordance des chapitres de notre *Grammaire élémentaire* avec les divisions du programme des écoles de la ville de Paris peut s'établir de la façon suivante :

Mois de Janvier. — Lettres. — Voyelles et consonnes; trois sortes d'*e*; syllabes et mots (pages 1-2, Exercices 1-2).

Mois de Février. — Nom. — Exemples; définition. — Du nom propre et du nom commun (page 13. Exercices 31-38).

NOUVELLE GRAMMAIRE FRANÇAISE

COURS ÉLÉMENTAIRE

CHAPITRE PREMIER

§ 1. LETTRES, VOYELLES ET CONSONNES ; LES TROIS SORTES D'E ; SYLLABES ET MOTS.

1. La GRAMMAIRE est l'art de parler et d'écrire correctement, c'est-à-dire sans faire de fautes.

2. Pour parler et pour écrire, on emploie des *mots*.

3. Il y a deux sortes de *mots :* les *mots parlés* et les *mots écrits*.

4. Les *mots parlés* sont composés de *sons*.

5. Les *mots écrits* sont formés de *lettres* [1].

6. Il y a deux sortes de lettres : les *voyelles* et les *consonnes*.

7. Les *voyelles* sont : *a, e, i, o, u, y.*

8. Les *consonnes* sont : *b, c, d, f, g, h, j, k, l, m, n, p, q, r, s, t, v, w, x, z.*

9. Une *syllabe* est une ou plusieurs lettres qu'on prononce par une seule émission de voix.

Le mot *bon* n'a qu'une syllabe ; le mot *ami (a-mi)* en a deux ; le mot *vérité (vé-ri-té)* en a trois.

10. Il y a trois sortes d'*e :* l'*e muet*, comme à la fin des mots *hommE, mondE* ; l'*é fermé*, comme dans *bontÉ, charitÉ* ; l'*è ouvert*, comme dans *progrÈs, succÈs*.

---

1. Le maître expliquera que les *sons* ne sont pas représentés dans toutes les langues par les mêmes *signes* ou *lettres*.

11. La lettre *h* est *muette* quand elle est nulle pour la prononciation, comme dans les mots *honneur, homme*, que l'on prononce comme s'il y avait *onneur, omme*. Elle est *aspirée* quand elle fait prononcer du gosier la voyelle qui suit. Ex. : *le нameau, le нéros.*

12. Il y a en français *dix sortes de mots* qu'on appelle les *dix parties du discours*, savoir : le *nom* ou *substantif*, l'*article*, l'*adjectif*, le *pronom*, le *verbe*, le *participe*, l'*adverbe*, la *préposition*, la *conjonction* et l'*interjection*.

13. Les mots sont divisés en mots *variables* et en mots *invariables.*

14. Les mots *variables* sont ceux qui peuvent changer dans leur terminaison; ce sont : le *nom*, l'*article*, l'*adjectif*, le *pronom*, le *verbe* et le *participe.*

15. Les mots *invariables* sont ceux qui s'écrivent toujours de la même manière; ce sont l'*adverbe*, la *préposition*, la *conjonction* et l'*interjection.*

1er Exercice. *Répondre oralement aux questions suivantes :*

1° *Outre le langage* parlé *et le langage* écrit, *n'y a-t-il pas un troisième langage ?*

2° *De quel langage se servent les muets?*

3° *De quel langage vous servez-vous pour communiquer vos pensées aux personnes présentes? — aux personnes absentes?*

2e Exercice. *Copier les mots suivants et placer un point sous les voyelles :*

Nappe, serviette, couvert, assiette, fourchette, cuiller, carafe, bouteille, pain, vin, viande, bière, sel, poivre, café, liqueur, cidre, poiré, dîner, souper, collation, déjeuner, banquet, festin, repas.

3e Exercice. *Comme le précédent.*

Migraine, rhume, catarrhe, *paralysie*, croup, indigestion, rougeole, fluxion, cicatrice, piqûre, brûlure, choléra, *léthargie, contagieux.*

Copier et apprendre ce qui suit :

PARALYSIE. Maladie qui prive le corps ou quelques-unes de ses parties de mouvement et même de sentiment.

LÉTHARGIE. Mort apparente.

CONTAGIEUX. Qui se gagne par contact.

4e Exercice. *Copier les mots suivants et placer un point sous les* consonnes :

Bonnet, casquette, chapeau, képi, *tricorne*, *colback*, *shako*, *tiare*, *mitre*, toque, *turban*, couronne, *diadème*, calotte.

Copier et apprendre ce qui suit :

TRICORNE. Sorte de chapeau à trois cornes.

COLBACK. Bonnet à poil.

SHAKO. Sorte de coiffure militaire en usage dans la plus grande partie de l'armée française.

TIARE. Triple couronne que porte le pape dans les cérémonies.

MITRE. Coiffure que portent les évêques en habits pontificaux.

TURBAN. Coiffure des Turcs et de certains peuples orientaux faite d'une pièce d'étoffe roulée autour de la tête.

DIADÈME. Sorte de bandeau qui était la marque de la royauté.

5e Exercice. *Comme le précédent.*

Botte, bottine, *brodequin*, chausson, *escarpin*, pantoufle, *sandale*, galoche, soulier, semelle, *empeigne*, talon, chausse-pied, tire-bottes, cirage, vernis, brosse, bottier, cordonnier, savetier.

Copier et apprendre ce qui suit :

BRODEQUIN. Bottine lacée.

ESCARPIN. Soulier découvert et à semelle mince.

SANDALES. Semelles de cuir attachées avec des courroies.

EMPEIGNE. Pièce de cuir qui forme le dessus d'un soulier.

6ᵉ Exercice. *Copier les mots suivants et les faire suivre d'un chiffre indiquant le nombre de syllabes que chacun d'eux renferme :*

Univers, empire, république, département, arrondissement, canton, commune, ville, bourg, village, hameau, édifice, monument, palais, hôtel, château, résidence, *chalet,* *cathédrale, basilique, archiépiscopal.*

Copier et apprendre ce qui suit :

CHALET. Maison de paysan suisse. — Maison de campagne construite en bois.

CATHÉDRALE. Église principale d'un diocèse où l'évêque a son siége.

BASILIQUE. Nom donné à de grandes églises.

ARCHIÉPISCOPAL. Qui appartient à l'archevêché. Palais archiépiscopal.

7ᵉ Exercice. *Comme le précédent.*

Physionomie, photographie, pharmacie, médecine, chirurgie, phénomène, *atmosphère,* calendrier, *aérostat, aérolithe,* maritime, terrestre, excellent, examiner, examinateur, reconnaissance, *stupéfaction,* apercevoir, providence, *insubmersible, incommensurable.*

Copier et apprendre ce qui suit :

ATMOSPHÈRE. Air qui environne la terre.

AÉROSTAT. Ballon.

AÉROLITHE. Pierre tombée du ciel.

STUPÉFACTION. Étonnement extraordinaire.

INSUBMERSIBLE. Qui ne peut être submergé.

INCOMMENSURABLE. Qui ne peut être mesuré.

8ᵉ Exercice. *Trouver et écrire :*

2 mots d'une syllabe ;
2 — de deux — ;
2 — de trois — ;
2 — de quatre — ;
2 — de cinq — .

9ᵉ Exercice. *Indiquer les différentes sortes d'*e *renfermés dans les mots suivants :*

Amitié, ménage, procès, végétal, écorce, je prie, je crierai, lèvre, chevelure, paupière, épaule, écorché, péché, dénaturé, mèche, fumée, flammèche, crémaillère, chaudière, abcès, diocèse, après, très.

10° Exercice. *Faire précéder les mots suivants de* le, *ou* la, *ou* l', *ou de* les, *lorsque le mot sera terminé par* s *ou* x, *et écrire à la suite* (**a**) *si l'*h *est aspirée, ou* (**m**) *si elle est muette.*

Ex. : hameau.

Le hameau (**a**).

Habileté, habillement, habitude, hache, hachoir, haine, haleine, halte, hameçon, *hampe, hanche,* hangar, hameaux, hannetons, harangue, hareng, haricots, harmonie, *harmonium,* harnachement.

Copier et apprendre ce qui suit :

Hampe. Bois de drapeau, de hallebarde, de porte-plume, etc.

Hanche. Partie du corps au bas des reins.

Harangue. Discours.

Harmonium. Petit orgue.

11ᵉ Exercice. *Comme le précédent.*

Harnais, harpe, hasard, hautbois, Hébreux, hectare, héliotrope, *hémisphère,* hennissements, *héraut,* herbe, hérissons, héroïne, héron, herse, hêtre, *homard, homonymes, hochet,* hommage, *honoraires,* horizon, horloge, hospice.

Copier et apprendre ce qui suit :

Hémisphère. Moitié de la sphère.

Héraut. Officier dont les fonctions étaient de signifier les déclarations de guerre, de porter les messages, etc.

Homard. Sorte d'écrevisse de mer.

Homonymes. Mots qui se prononcent de même, mais qui n'ont pas la même signification.

Hochet. Jouet d'enfant, petit instrument qu'on donne aux

très-jeunes enfants, pour qu'ils le pressent entre leurs gencives au temps de la dentition.

Honoraires. Ce qui est dû aux personnes exerçant certaines professions distinguées. On dit : les *honoraires* d'un médecin, d'un avocat, etc...

§ 2. SIGNES ORTHOGRAPHIQUES; VOYELLES ET CONSONNES [1].

16. Les signes orthographiques sont : les *accents*, l'*apostrophe*, la *cédille*, le *tréma* et le *trait d'union*.

17. Il y a trois sortes d'*accents* :

L'accent *aigu* (′), qui se met sur les *é* fermés. Ex. : *bont*É, *caf*É.

L'accent *grave* (‛), qui se met sur les *è* ouverts. Ex. : *progr*ÈS, *succ*ÈS.

L'accent *circonflexe* (‸), qui se met sur les voyelles longues. Ex. : *p*Â*te,* N*î*mes, *forêt, apòtre, flûte.*

18. *L'apostrophe* (') marque la suppression d'une lettre, comme dans *l'homme, l'amitié, l'écolier,* mis pour *le homme, la amitié, le écolier.*

19. La *cédille* (₅) se met sous le *ç* pour lui donner le son de *s* devant *a, o, u :* Ex. : *façade, leçon, reçu.*

20. Le *tréma* (¨) se met sur une voyelle pour la faire prononcer séparément de la voyelle qui précède : Ex.: *haïr, cigu*Ë*, naïf,* que l'on prononce *ha-ir, cigu-ë, na-ïf.*

21. Le *trait d'union* (-) sert à lier entre eux plusieurs mots ne formant qu'une seule expression : *arc-en-ciel, dix-sept, nous-mêmes.*

Remarque. On écrit par une lettre majuscule ou grande lettre :

1. *Nota.* Les notions suivantes nous ont paru être le complément indispensable du chapitre i. Toutefois, le maitre pourra ne pas s'y arrêter et passer immédiatement au chapitre ii.

1° Le premier mot de chaque phrase et de chaque vers. Ex. :

> Nous devons travailler pendant que nous sommes jeunes.
> Craignez un Dieu vengeur et tout ce qui le blesse ;
> C'est là le premier pas qui mène à la sagesse.

2° Les noms de personnes, de peuples, de villes, de pays, de rivières, de montagnes. Ex. : *Léon*, les *Anglais*, *Paris*, *France*, *Italie*, la *Seine*, les *Alpes*.

3° Le mot *Dieu* et tous les mots qui le remplacent, comme l'*Éternel*, le *Seigneur*, le *Très-Haut*, etc.

12° Exercice. *Remplacer les points par des e surmontés de l'accent convenable.*

Nota. Tous les mots en ÉEE s'écrivent avec un accent aigu.

Abc.s, ros.e, gaiet., po.sie, r.gle, charit., ch.vre, biblioth.que, caract.re, fen.tre, fr.re. espi.gle, gu., f.te, gu.pe, s'arr.ter, t.te, pr.s, m.re, anc.tres, bouch.e (de pain), for.t, ch.ne, rivi.re, bl., c.r.ale, pi., f.ve, car.me, temp.te, si.ge, m.me, je prot.ge, fl.che, int.r.t, champ.tre, coll.ge. pr.t, j'abr.ge.

13° Exercice. *Placer l'accent circonflexe sur les voyelles longues renfermées dans les mots suivants :*

Le gout. Un gateau. Le notre. Le raisin est mur. Notre maitre. Aout. J'en suis sur. Une buche. Le pole. La cote. Un apotre. Une flute. La fete de Paques. Le trone. Un gite. La piqure. Un chale. J'arrete. Nous eumes. Vous revites. Noiratre. L'abime. Connaitre. Croitre. Tot ou tard. Bientot. Dégout. Il renait. Connaitre. Sureté. Se hater. Fraicheur. Arete. Éveque. Faite (sommet). Impot. Dépeche. Hetre. Les vepres. Frele.

14° Exercice. *Faire disparaitre les parenthèses ( ) et employer l'apostrophe s'il y a lieu.*

(*La*) honte est pire que la mort. — (*La*) armée est (*la*) sauvegarde des pays. — (*Ce*) est un crime que de fuir devant (*le*) ennemi. — A sa mort, Louis XIV (*se*) est repenti (*de*) avoir tant aimé la guerre. —(*De*) habitude, je travaille huit heures par jour. — Il (*ne*) y a pas de bonheur sans vertu. —(*Le*) aspect (*de*) une mer irritée est un spectacle qui cause toujours de (*le*) effroi. —(*Que*) importe que vous ayez eu autant (*de*) or (*que*) il est possible (*de*) en posséder, si cet or (*ne*) a pas servi à vous rendre plus vertueux. — Si (*je*) eusse été plus poli, le maître (*me*) eût pardonné. —La toile de (*la*) araignée est (*de*) une grande finesse.

15e Exercice. *Comme le précédent.*

(*La*) hyène (*se*) apprivoise difficilement. — Il faut (*se*) (*entre*) aider. — Dans certains tremblements de terre, (*le*) on a vu la terre (*se*) (*entre*) ouvrir. — Ma (*grande*) mère ne (*se*) est jamais plainte et ne se plaindra jamais, je (*le*) espère, que je lui aie manqué (*de*) égards. — Tu (*te*) es trompé en (*me*) appelant ton ennemi, car je ne suis (*le*) ennemi de personne. — Si (*le*) on venait à manquer de houille, la science découvrirait sans doute quelque autre combustible ignoré (*jusque*) à présent. — (*Puisque*) il est certain (*que*) il y a un Dieu, il est aussi certain (*que*) il y aura une vie future.

16e Exercice. *Remplacer les points par c simple ou par c avec une cédille (ç) selon que la prononciation exigera l'un ou l'autre.*

Ma.on	Viva.ité.	.à et là
Fran.ais.	Ex.ellent.	Vora.ité.
Offi.ier.	Ex.ursion.	Cris per.ants.
Gla.on.	Amin.ir.	Cura.ao.
.ité.	Vous re.ûtes.	Le.on.
E.or.e.	En de.à.	Calc.on.

17e Exercice. *Placer un tréma sur les voyelles des mots suivants, qui doivent être prononcées séparément :*

Aïeul. Moïse. Noël. Le sens de l'ouïe. Un poète. Héroïque. Haïr. Fièvre typhoïde. Israël. La ciguë est un poison. Un enfant naïf. Contiguïté. Un païen. Le prophète Isaïe. Une baïonnette. De l'aloès. Héroïsme. Ovoïde. Biscaïen. Faïence. Laïque.

18e Exercice. *Réunir par un trait d'union les différentes parties des expressions composées renfermées dans les phrases suivantes :*

Le Pas de Calais sépare la France de l'Angleterre.

Le royaume de Hollande s'appelle aussi royaume des Pays Bas.

Les familles riches ont souvent des pied à terre à la campagne.

Le chat huant est un animal très utile, car il détruit une énorme quantité de souris.

Ne donnez jamais comme absolument certaines des choses que vous ne savez que par ouï dire.

Les fables de La Fontaine sont des chefs d'œuvre.

Ne cherchez jamais à faire des crocs en jambes à vos camarades.

Le grillon s'appelle aussi cri cri.

19ᵉ Exercice. *Comme le précédent.*

L'arc en ciel se compose de sept couleurs.

Il y a en Allemagne plusieurs grands duchés, c'est à dire des pays gouvernés par des princes nommés grands ducs.

L'église Notre Dame de Paris est un monument admirable.

Chaque arrondissement est administré par un sous préfet.

Une bonne cuisinière donne tous ses soins au pot au feu.

Le fils de Dieu s'appelait Jésus, c'est à dire Sauveur.

Un journal est dit semi quotidien lorsqu'il paraît tous les deux jours.

La dernière partie de l'automne est souvent désignée sous le nom d'arrière saison.

20ᵉ Exercice. *Comme le précédent.*

Les arrière gardes protégent les retraites des armées en campagne.

La chute des feuilles est le signe avant coureur de l'hiver.

Avant les mots après midi, après dîner, il faut employer le mot une et non un ; l'on dit conséquemment : une après midi pluvieuse, une après dîner bien utilisée.

L'oiseau mouche a été appelé le bijou de la nature

Ne vous servez jamais de la pointe de votre couteau en guise de cure dents.

Soyez pleins de prévenance pour vos grands pères et pour vos grands mères.

Le grade de vice amiral équivaut à celui de général de division.

L'eau de vie et le tabac causent la mort de bien des individus.

21° Exercice. INVENTION. *Remplacer les points par un qualificatif convenable et joindre par un trait d'union le mot très au mot trouvé. Ex. : Le cerf est* très-agile.

1 — Le lion est très....	7 — L'enfant est très....
2 — Le bœuf est très....	8 — Le maître est....
3 — Le chien est très. ..	9 — Dieu est très. ..
4 — Le chat est très....	10 — Le soleil est...
5 — Le loup est très....	11 — La pomme de terre est...
6 — Le coq est très....	12 — Le pain est très....

22° Exercice. *Copier les nombres suivants en ayant bien soin de ne pas oublier les traits d'union :*

1 Un.	11 Onze.	20 Vingt.
2 Deux.	12 Douze.	21 Vingt et un.
3 Trois.	13 Treize.	22 Vingt-deux.
4 Quatre.	14 Quatorze.	23 Vingt-trois.
5 Cinq.	15 Quinze.	24 Vingt-quatre.
6 Six.	16 Seize.	25 Vingt-cinq.
7 Sept.	17 Dix-sept.	26 Vingt-six.
8 Huit.	18 Dix-huit.	27 Vingt-sept.
9 Neuf.	19 Dix-neuf.	28 Vingt-huit.
10 Dix.		29 Vingt-neuf.

23° Exercice. *Écrire en chiffres et en lettres :*

1° les nombres de 30 (trente) à 40 (quarante);
2°   —   de 40   à   50 (cinquante);
3°   —   de 50   à   60 (soixante).

24° Exercice. *Copier les nombres suivants et ne pas oublier les traits d'union :*

60 Soixante.	68 Soixante-huit.
61 Soixante et un	69 Soixante-neuf.
62 Soixante-deux.	70 Soixante-dix.
63 Soixante-trois.	71 Soixante-onze.
64 Soixante-quatre.	72 Soixante-douze.
65 Soixante-cinq.	73 Soixante-treize.
66 Soixante-six.	74 Soixante-quatorze.
67 Soixante-sept.	75 Soixante-quinze.

76	Soixante-seize.	83	Quatre-vingt-trois.
77	Soixante-dix-sept.	84	Quatre-vingt-quatre.
78	Soixante-dix-huit.	85	Quatre-vingt-cinq.
79	Soixante-dix-neuf.	86	Quatre-vingt-six.
80	Quatre-vingts.	87	Quatre-vingt-sept.
81	Quatre-vingt-un.	88	Quatre-vingt-huit.
82	Quatre-vingt-deux.	89	Quatre-vingt-neuf.

25e Exercice. *Comme le précédent.*

90	Quatre-vingt-dix.	95	Quatre-vingt-quinze.
91	Quatre-vingt-onze.	96	Quatre-vingt-seize.
92	Quatre-vingt-douze.	97	Quatre-vingt-dix-sept.
93	Quatre-vingt-treize.	98	Quatre-vingt-dix-huit.
94	Quatre-vingt-quatorze.	99	Quatre-vingt-dix-neuf.

26e Exercice. *Comme le précédent. — Copier en tête de l'exercice et retenir la remarque suivante :*

REMARQUE : *On ne met jamais de trait d'union entre les mots :* CENT, MILLE, MILLION, *etc., et les nombres qui les précèdent ou qui les suivent*

100	Cent.	120	Cent vingt.
101	Cent un.	136	Cent trente-six.
109	Cent neuf.	147	Cent quarante-sept.
110	Cent dix.	155	Cent cinquante-cinq.
119	Cent dix-neuf.	206	Deux cent six.

260	Deux cent soixante.
279	Deux cent soixante-dix-neuf.
306	Trois cent six.
387	Trois cent quatre-vingt-sept.
490	Quatre cent quatre-vingt-dix.
498	Quatre cent quatre-vingt-dix-huit.
566	Cinq cent soixante-six.
697	Six cent quatre-vingt-dix-sept.

27e Exercice. *Comme le précédent. — Copier encore la remarque ci-dessus.*

754	Sept cent cinquante-quatre
817	Huit cent dix-sept.
899	Huit cent quatre-vingt-dix-neuf.
901	Neuf cent un.

```
  976  Neuf cent soixante-seize.
  983  Neuf cent quatre-vingt-trois
  990  Neuf cent quatre-vingt-dix.
  995  Neuf cent quatre-vingt-quinze.
  999  Neuf cent quatre-vingt-dix-neuf.
 1000  Mille.
 1001  Mille un.
 1010  Mille dix.
 1019  Mille dix-neuf.
 1079  Mille soixante-dix-neuf.
 1100  Mille cent.
 1199  Mille cent quatre-vingt-dix-neuf.
 2000  Deux mille.
10996  Dix mille neuf cent quatre-vingt-seize.
```

28ᵉ Exercice. *Copier l'exercice suivant et employer les* majuscules *quand il y aura lieu :*

En 1651 naquit à dunkerque, chef-lieu d'arrondissement du département du nord, le marin le plus intrépide peut-être que la france ait produit, *jean bart*. Il était fils d'un simple pêcheur : il servit de bonne heure chez les hollandais, qui étaient les plus habiles marins de l'europe, puis la guerre ayant éclaté entre la france et la hollande, il revint dans son pays, attaqua avec succès les ennemis. louis XIV le nomma officier de la marine militaire, bien que ce grade ne fût alors réservé qu'aux nobles.

29ᵉ Exercice. *Comme le précédent.*

La france est située à l'occident de l'europe. Dans les parties où elle n'est point baignée par la mer, elle est bornée, au nord-est par la belgique, à l'est par la prusse ; le jura et les alpes la séparent de la suisse et de l'italie ; enfin, au midi, d'autres montagnes, les pyrénées, la séparent de l'espagne.

> O bienheureux mille fois
> l'enfant que le seigneur aime,
> qui de bonne heure entend sa voix,
> et que ce dieu daigne instruire lui-même !

30ᵉ Exercice. *Comme le précédent.*

La providence a mis, au midi, des arbres toujours verts,

et leur a donné un large feuillage pour abriter les animaux de la chaleur.

que vos ouvrages, seigneur, sont grands et merveilleux!

les israélites donnaient à l'éternel le nom de jéhovah; les mahométans l'appellent allah.

puisse le ciel exaucer mon humble prière!

CHAPITRE II

DU NOM OU SUBSTANTIF.

22. Le NOM ou SUBSTANTIF est un mot qui sert à *désigner*, à *nommer* une personne, un animal ou une chose. Ex. : *Louis, lion, table.*

§ 1. DU NOM COMMUN ET DU NOM PROPRE.

23. Il y a deux sortes de *noms :* les NOMS COMMUNS et les NOMS PROPRES.

24. Les NOMS COMMUNS sont ceux qui s'appliquent à *toutes les personnes,* à *tous les animaux* ou à *toutes les choses* de la *même espèce.*

Ainsi le mot *homme*, qui convient à tous les hommes, le mot *chien*, qui convient à tous les chiens, le mot *ville*, qui convient à toutes les villes, sont des *noms communs.*

25. Le NOM PROPRE est le nom *particulier* d'une personne, d'un peuple, d'un animal ou d'une chose.

Ainsi les mots *Paul*, les *Français*, *Médor*, *Paris*, sont des *noms propres.*

31ᵉ Exercice. *Classer les noms de l'exercice suivant en quatre séries :*

1º *Noms de* personnes. . . .   3º *Noms de* plantes. . . . . .
2º *Noms d'*animaux. . . . . .   4º *Noms de* choses. . . . . . .

Louis, le cultivateur, le mouton, le pommier, le médecin, la statue, le chirurgien, le parrain, l'épicier, la brebis, le coq, la betterave, le trèfle, le seigle, la monnaie, le professeur, le coutelier, l'œillette, le colza, le loup, le renard, la roue, la voiture, le meunier, la farine, la tulipe, un négociant, le fourrage, la luzerne, un maçon, le préfet, le maire, un adjoint, un perroquet, une araignée, une alouette, un prunier, un abricotier, un groseillier, un boulanger, un ferblantier, le brouillard, un nuage, **un boucher**, une bêche, une pioche, un cygne.

32e **Exercice**. *Comme le précédent.*

Une chèvre, un hareng, du persil, un melon, du cerfeuil, de l'oseille, une huître, un levraut, un faïencier, **un carrossier**, un sabotier, un sou, un soulier, du mastic, de la craie, un cordonnier, un éléphant, un chariot, un dahlia, du lin, un hameçon, un cahier, une clef, une bouteille, un cerisier, un menuisier, un serrurier, le piano, du thym, un paon, le porc, du buis, un avocat, un juge, un hôtel, un corroyeur, un palmier, un géranium, **un architecte**, une modiste, un tisserand.

33e **Exercice**. *Copier l'exercice et souligner tous les noms.*

Le chien a l'ouïe et l'odorat très-développés.

Le cheval est encore utile après sa mort. Avec ses crins, on fait des tissus; avec son poil, de la bourre; avec sa peau, des chaussures; avec ses os, du *noir animal.*

Le tigre n'habite que les forêts et grimpe avec agilité sur les arbres pour y poursuivre les singes et les animaux nécessaires à sa nourriture.

Le lion habite les déserts de l'Inde et de l'Afrique. Pour faire la chasse au lion, les Arabes creusent, à côté du sentier qu'il traverse ordinairement, une fosse profonde qu'ils recouvrent de tiges de bois et de pierres. Là les chasseurs se mettent à l'affût; lorque le lion est assez près, ils tirent tous ensemble sur lui et le tuent.

Copier et apprendre ce qui suit :

Noir animal. Charbon obtenu par la calcination des os et très-employé dans l'industrie à cause de ses propriétés désinfectantes et décolorantes.

34ᵉ Exercice. *Classer les noms de l'exercice suivant en deux séries :*

1° *Noms* communs ; 2° *noms* propres.

La *Seine*, un torrent, la Russie, un Autrichien, la chaux, Henri IV, l'*acier*, Philippe, la *tôle*, le *Vésuve*, un saule, Vienne, un éclair, les Vosges, Jupiter, une faux, une scie, un Italien, le télégraphe, un ressort, la Providence, un Américain, une épée, l'Asie, un accident, la *Méditerranée*.

Copier et apprendre ce qui suit :

La Seine. Fleuve qui passe à Paris et qui se jette dans la
    Manche.
Acier. Fer combiné avec une petite quantité de charbon.
Tôle. Fer réduit en lames.
Vésuve. Volcan de l'Italie.
Méditerranée. Mer qui sépare l'Europe de l'Afrique.

35ᵉ Exercice. *Copier l'exercice suivant et souligner tous les noms propres :*

La France, notre chère patrie, s'appelait autrefois Gaule.
La Gaule avait pour limites à l'est et au nord-est le Rhin et les Alpes ; par conséquent une partie de l'Allemagne actuelle, la Belgique et la Suisse appartenaient à notre pays.
Trois peuples se partageaient le territoire de la Gaule : les Aquitains, entre les Pyrénées et la Garonne ; les Belges, entre la Somme et le Rhin ; tout le reste du pays était habité par les Celtes ou Gaulois proprement dits.

36ᵉ Exercice. *Comme le précédent.*

Les Pyrénées séparent la France de l'Espagne.
Saint Vincent de Paul, l'une des gloires du christianisme, naquit au seizième siècle, dans un humble village près de Dax, dans le département des Landes.
Notre-Seigneur Jésus-Christ est né dans une étable à Bethléem, petite ville de la Judée.
La vaccine fut découverte, en 1801, par un médecin anglais nommé Jenner.
Le Volga est le plus grand fleuve de l'Europe.
Le détroit du Pas-de-Calais sépare la France de l'Angleterre.

L'Alsace et la Lorraine nous ont été arrachées par l'Allemagne victorieuse.

37ᵉ Exercice. *Copier l'exercice suivant, faire ensuite une liste des noms communs qu'il renferme et une liste des noms propres :*

L'Amérique a été découverte au quinzième siècle par Christophe Colomb. C'est une contrée très-fertile. On en tire le cacao qui sert à faire le chocolat, le café, la canne à sucre, le coton, etc.

L'Algérie appartient à la France depuis 1830.

On nomme Méditerranée la mer intérieure située entre l'Europe, l'Asie et l'Afrique et qui communique avec l'Atlantique par le détroit de Gibraltar.

Le Danube est le plus grand fleuve de l'Allemagne.

La Manche sépare la France de l'Angleterre.

38ᵉ Exercice. *Copier l'exercice suivant, souligner les noms propres et employer les majuscules quand il y aura lieu :*

La capitale de la france est paris.

mars était le dieu de la guerre.

fénelon, archevêque de cambrai, fut précepteur du duc de bourgogne, petit-fils de louis XIV.

bossuet fut un grand orateur.

La russsie a pour capitale saint-pétersbourg, ville bâtie, au dix-huitième siècle, par pierre le grand, sur les bords de la néva.

Le rhône qui passe à lyon a son embouchure dans la méditerranée.

Les chinois sont encore païens.

henri IV fut le père de son peuple.

§ 2. DU GENRE.

26. Il y a deux GENRES : le MASCULIN et le FÉMININ.

27. Les noms d'*hommes* et d'*animaux mâles* sont du genre MASCULIN. Ex. : *père, lion.*

28. Les noms de *femmes* et d'*animaux femelles* sont du genre FÉMININ. Ex. : *mère, lionne.*

29. REMARQUE. L'usage a donné le genre *masculin* ou le genre *féminin* à des noms de choses qui ne peuvent être ni mâles ni femelles.

Exemple : *le mur, la chaise, le travail, la bonté.*

30. On reconnaît qu'un nom est *masculin* quand on peut le faire précéder des mots *le* ou *un*. Ex. :

Le père, un père.
Le lion, un lion.
Le tableau, un tableau.
Le mérite, un mérite.

31. On reconnaît qu'un nom est du genre *féminin* quand on peut le faire précéder des mots *la* ou *une*. Ex. :

La mère, une mère.
La lionne, une lionne.
La table, une table.
La poire, une poire.

39ᵉ Exercice. *Copier l'exercice suivant et écrire* (**m**) *après les noms* masculins, (**f**) *après les noms* féminins :

Marie.	Une demoiselle.	Un paysan.
Une Parisienne.	Georges.	La fermière.
La tigresse.	Une louve.	Une religieuse.
Une chatte.	Le coq.	Un avocat.
Le dindon.	La poule.	Une mule.

INVENTION. *Chercher et écrire :*

3 noms *masculins* d'êtres animés.
3 noms *féminins* id.

40ᵉ Exercice. *Copier l'exercice suivant et écrire* (**m**) *après les noms* masculins, (**f**) *après les noms* féminins :

Un écolier, le chat, la *laie*, une poule, la chatte, une

brebis, un sanglier, une lionne, une ourse, un médecin, une princesse, une institutrice, la couturière, un brasseur, le charpentier, une *biche*, le musicien, une vache, une oie, le bœuf, une tourterelle, un chevreuil, la génisse, le pigeon, un boulanger, un épicier, la sœur, un parrain, une marraine, le neveu, la nièce, la tante, l'oncle, la *bru*, le *gendre*, un filleul.

Copier et apprendre ce qui suit :

LAIE, femelle du sanglier.
BICHE, femelle du cerf.
BRU, belle-fille (femme du fils).
GENDRE, beau-fils.

41ᵉ Exercice. *Copier l'exercice suivant et écrire (***m***) après les noms masculins, (***f***) après les noms féminins :*

Un arbre, une agrafe, le beurre, une allumette, une ardoise, la *basane*, le biscuit, une bougie, une brique, le *bronze*, le caféier, la chicorée, le *calicot*, la cannelle, le caoutchouc, la cassonade, une chandelle, le chanvre, un chapeau, la chaux, le chocolat, le cidre, un cierge, le ciment, la cire, le *coke*, la colle, une pâte, un os, un crayon, le cuir, le suif, une dentelle, le diamant, le drap, une encre, la *garance*.

Copier et apprendre ce qui suit :

BASANE, peau de mouton, de brebis ou de bélier, préparée pour la reliure des livres.
BRONZE, métal formé d'un alliage de cuivre, d'étain et de zinc.
CALICOT, toile de coton.
COKE, charbon provenant de la carbonisation de la houille.
GARANCE, plante dont la racine donne une couleur rouge très-employée.

42° Exercice. INVENTION. *Remplacer les tirets par les noms convenables choisis dans la liste donnée à la suite de l'exercice.*

Principaux usages du fer. Le fer est le premier, le plus utile des métaux. La — avec laquelle on laboure, et la

— avec laquelle vous écriviez, l' — qui a servi à coudre vos vêtements; le — du soldat et le — de l'écolier, sont autant d'objets fabriqués avec le fer. Privées du fer, que pourraient les mains de l'homme? Imaginez le paysan, sans — pour ouvrir la terre, sans — pour faucher les blés, sans — pour couper les bois, sans — pour cultiver son jardin, sans — pour tailler sa vigne.

Noms : Aiguille, charrue, canif, sabre, plume, terre, hache, faucille, bêche, serpette.

43ᵉ Exercice. *Copier les noms suivants en les faisant précéder des mots* le *ou* la. *Écrire* (**m**) *après les noms masculins,* (**f**) *après les noms féminins.*

Monnaie, craie, geai (oiseau), balai, giroflée, poignée, fumée, lycée, musée, *canapé*, pâté, liberté, piano, dos, rabot, fagot, *rôt*, gigot, noyau, réchaud, charrue, laitue, *talus*, sangsue, morue, nuage, vérité, caprice, soie, ragoût, *beffroi*, froid, pois (légume), noix, froment, chariot, charrette, bêche, rateau, semence, bourgeon, branche, navet, carotte, betterave, châtaignier, maïs, tulipe, jacinthe.

Copier et apprendre ce qui suit :

Canapé. Long siége à dossier.
Rôt. Viande rôtie à la broche.
Talus. Pente que l'on donne à un terrain.
Beffroi. Clocher ou tour d'où l'on fait le guet et où il y a une cloche pour sonner l'alarme.

44ᵉ Exercice. Invention. *Comme le 42ᵉ.*

Les principaux états ou métiers sont : pour notre nourriture, ceux de l' — qui cultive la terre, du — qui moud le blé, du — qui fait le pain, du — qui dépèce les bestiaux et en vend la viande, du — qui cultive les légumes, du — qui soigne la vigne, etc.; pour nos vêtements, ceux du — qui fait la toile, du — qui fabrique le drap, du — qui prépare le cuir, du — qui confectionne nos habits, du — qui fabrique nos chaussures, du — qui confectionne notre coiffure, etc.; pour nos habitations, ceux du — qui tire la pierre des carrières, du — qui bâtit les maisons, du — qui en fait la charpente, du — qui en fait la toiture, du — qui fait les *menus* ouvrages en bois, etc...

Noms : Meunier, agriculteur, maraîcher, boulanger, dra-
pier, tisserand, tanneur, tailleur, chapelier, cordonnier,
carrier, menuisier, couvreur, charpentier, boucher, vigne-
ron, maçon.

FÉMININ DES NOMS.

45ᵉ Exercice [1]. *Copier les noms suivants en les faisant précéder de* un *ou de* une.

MASCULIN	FÉMININ	MASCULIN	FÉMININ
Président	*présidente*	danseur	*danseuse*
marchand	*marchande*	pêcheur	*pêcheuse*
cousin	*cousine*	joueur	*joueuse*
ami	*amie*	connaisseur	*connaisseuse*
ennemi	*ennemie*	voleur	*voleuse*
apprenti	*apprentie*	chanteur	*chanteuse*
sultan	*sultane*	moissonneur	*moissonneuse*
faisan	*faisane*	vendangeur	*vendangeuse*
ouvrier	*ouvrière*	acteur	*actrice*
berger	*bergère*	conducteur	*conductrice*
écolier	*écolière*	instituteur	*institutrice*
boulanger	*boulangère*	directeur	*directrice*
pâtissier	*pâtissière*	lecteur	*lectrice*
boucher	*bouchère*	spectateur	*spectatrice*
jardinier	*jardinière*	inventeur	*inventrice.*

FÉMININ DE CERTAINS NOMS.

46ᵉ Exercice. *Comme le précédent.*

MASCULIN	FÉMININ	MASCULIN	FÉMININ
Homme	*femme*	cheval	*jument* ou *cavale*
père	*mère*	taureau	*vache*
frère	*sœur*	bélier	*brebis*
oncle	*tante*	bouc	*chèvre*
parrain	*marraine*	cerf	*biche*
gendre	*bru*	porc	*truie*
neveu	*nièce*	sanglier	*laie*
garçon	*fille*	coq	*poule*
serviteur	*servante*	dindon	*dinde*
monsieur	*madame*	jars	*oie*
roi	*reine*	canard	*cane*
jeune homme	*demoiselle*	perroquet	*perruche*
gouverneur	*gouvernante*	loup	*louve*
héros	*héroïne*	chat	*chatte.*

1. *Note pour les maîtres.* — Chaque Exercice de ce genre pourra fournir
la matière de deux devoirs.

47ᵉ Exercice. *Comme le précédent.*

MASCULIN	FÉMININ	MASCULIN	FÉMININ
Abbé	*abbesse*	Européen	*Européenne*
diable	*diablesse*	Parisien	*Parisienne*
prince	*princesse*	Algérien	*Algérienne*
duc	*duchesse*	Alsacien	*Alsacienne*
comte	*comtesse*	Autrichien	*Autrichienne*
dieu	*déesse*	Prussien	*Prussienne*
maître	*maîtresse*	chrétien	*chrétienne*
nègre	*négresse*	païen	*païenne*
âne	*ânesse*	citoyen	*citoyenne*
tigre	*tigresse*	musicien	*musicienne*
hôte	*hôtesse*	baron	*baronne*
pécheur	*pécheresse*	vigneron	*vigneronne*
vengeur	*vengeresse*	lion	*lionne*
pauvre	*pauvresse*	faon	*faonne*
enchanteur	*enchanteresse*	paon	*paonne.*

48ᵉ Exercice. INVENTION. *Chercher et écrire :*

5 noms d'arbres *masculins ;*
5 noms de fruits *féminins ;*
5 noms de meubles *masculins ;*
5 noms de vêtements *féminins.*

§ 3. DU NOMBRE.

32. Il y a deux NOMBRES : le SINGULIER et le PLURIEL.

33. Un nom est au SINGULIER quand il ne désigne qu'UN *seul* être ou UN *seul* objet.

Ex. : *Un enfant, un livre.*

34. Un nom est au PLURIEL quand il désigne PLU-SIEURS êtres ou PLUSIEURS objets.

Ex. : *Des enfants, des livres.*

FORMATION DU PLURIEL DANS LES NOMS.

35. RÈGLE GÉNÉRALE. —On forme le *pluriel* d'un nom en ajoutant un s à la fin du mot au singulier.

Ex. : *Un élève, des élèves.*
La mère, les mères.
Le livre, les livres.

49ᵉ Exercice. *Copier l'exercice suivant et écrire (s) à la suite des noms au* singulier, *et (p) à la suite des noms* pluriels :

Un rosier.
Les frênes.
Deux fouets.
Quatre peupliers.
Le marronnier.
Une truite.
Beaucoup de poissons.
La baleine.
Mon coq.
Plusieurs requins.

Quantité de morues.
Ma fauvette.
Ces chênes.
La plupart des poulets.
Vingt tilleuls.
Ce hareng.
Mes sapins.
Toutes sortes de plantes.
Le pin (arbre).
Trente brochets.

50ᵉ Exercice. *Comme le précédent.*

Quarante siècles.
Tes jardins.
Une racine.
Les chemins.
Des orties.
Ma prairie.
Ces vergers.
Beaucoup de pêches.
Leurs chiens.
Tous les moissonneurs.

Mille fleurs.
Vos églantiers.
Ses sœurs.
Trop de chenilles.
Quarante pigeons
La basse-cour.
Nos vers à soie.
Nul élève.
Une grande quantité de merles.
Une foule de pinsons.

51ᵉ Exercice. *Comme le précédent.*

Un paysan.
Les poulaillers.
Une haie.
Trois chèvres.
Trente bergers.
La grange.
Un rateau.
Des arrosoirs.
Cinquante tulipes.
Le bluet.

Soixante glands.
Des écuries.
Une récolte.
Soixante-dix pâtres.
La génisse.
Un van.
Cent francs.
Une violette.
Quatre-vingts villageois.
Les saisons.

52ᵉ Exercice. Invention. *Chercher et écrire :*

10 noms au *singulier,*
10 noms au *pluriel.*

53ᵉ Exercice [1]. *Copier les noms suivants et indiquer le* genre *et le* nombre *de chacun d'eux. Employer les abréviations suivantes :*

Masculin singulier.	*Abréviation :*	*m. s.*
Féminin singulier.	—	*f. s.*
Masculin pluriel.	—	*m. p.*
Féminin pluriel.	—	*f. p.*

Le trèfle.

Des charrues.

Une allée.

Une volière.

Des pierres.

Les portraits.

La sonnette.

Les mers.

Des montagnes.

Un musicien.

Les nuages.

Les gelées.

Des punitions.

Des dragées.

Des marrons.

Des araignées.

Une harpe.

Les mares.

Un marais.

Les affluents.

Des crochets.

Des couleurs.

La farine.

Des centimes.

Les dents.

Un verre.

Les ongles.

Des corbeilles.

54ᵉ Exercice. *Dans l'exercice suivant, tous les noms sont en* italique. *Indiquer en abrégé à la suite de chacun d'eux le* genre *et le* nombre.

Exemple : Il y a deux *siècles* (**m. p.**).

PARIS.

Il y a deux *siècles* encore, *Paris* n'était qu'une *ville* sale, malsaine, dont les *rues* n'étaient point ou étaient mal pavées, qui n'était pas même éclairée la *nuit*. Aujourd'hui, c'est la plus belle *cité* du *monde* ; ses *monuments*, ses *musées* font l'*admiration* des *étrangers*, ses *promenades* sont très-belles, son *pavage*, son *éclairage* au *gaz* n'ont rien qu'on puisse leur comparer ailleurs. Elle a une *foule* de *rues* larges et magnifiques, des *boulevards* bordés de *maisons* dont la plupart ressemblent à des *palais*, des *boutiques* et des *magasins* où des *étalages* pleins de *goût* présentent tout ce que l'*industrie humaine* a pu imaginer.

---

1. *Note pour les maîtres.* Si cet Exercice ne suffisait pas, le maître pourrait faire chercher le genre et le nombre des noms des Exercices de 43 à 48 inclusivement.

55e Exercice. INVENTION. *Chercher, pour placer après chacune des locutions suivantes, un nom qui devra être mis au nombre convenable.*

Les...	Quantité de...
Une...	Ton...
Des...	Toutes sortes de...
Quatre...	Ses...
La...	Ce...
Beaucoup de...	La plupart des...
Plusieurs...	Mes...
Ma...	Ta...
Un grand nombre de...	Dix...
Cet...	Tes...

56e Exercice. INVENTION. *Comme le précédent.*

Vingt...	Mes...
Trente...	Tes...
Quarante...	Ses...
Cinquante...	Nos...
Soixante...	Vos...
Soixante-dix...	Leurs...
Quatre-vingts...	Tous les...
Quatre-vingt-dix...	Une grande quantité de...
Cent...	Plusieurs...
Mille...	Beaucoup de...

57e Exercice. *Changer le nombre des noms suivants, c'est-à-dire mettre au pluriel ceux qui sont au singulier et au singulier ceux qui sont au pluriel :*

Un bœuf.	Une sauterelle.	Des citronniers.
Des porcs.	Des hannetons.	Des orangers.
Des cerfs.	Les requins.	Le châtaignier.
L'éléphant.	Une anguille.	Un artichaut.
Les chenilles.	Des oies.	Une pêche.
Des abeilles.	Un dindon.	Des oignons.

58e Exercice. *Comme le précédent.*

Les cerises.	Un cavalier.	Un lancier.
Une grappe.	Deux chasseurs.	Des carabiniers.
Des amandes.	Les zouaves.	Les marins.
Les raisins.	Un turco.	Un gendarme.
Un navet.	Le fantassin.	Les cuirassiers.
La laitue.	Les hussards.	Les artilleurs.

59ᵉ Exercice. *Comme le précédent.*

Une clef.	Des cuillers.	Les éteignoirs.
Deux chaises.	La fourchette.	Une armoire.
Un miroir.	Une carafe.	Une écuelle.
Une paillasse.	Des allumettes.	Des salières.
Les serviettes.	Un chandelier.	Le sucrier.
Une assiette.	Un bougeoir.	Une cafetière.

60ᵉ Exercice. *Comme le précédent.*

Un fusil.	Un *yatagan*.	Un *revolver*.
Des sabres.	Des *cimeterres*.	Des cartouches.
Les pistolets.	Une balle.	Un obus.
Une lance.	Des bombes.	Des caissons.
Des poignards.	Un *projectile*.	Les affûts.
Une épée.	Un boulet.	Une amorce.

Copier et apprendre ce qui suit :

YATAGAN. Sabre-poignard en usage chez les Turcs et les Arabes.

CIMETERRE. Sabre large et recourbé que portent les Orientaux.

PROJECTILE. Corps lancé par une arme à feu ou par la main.

REVOLVER. Pistolet à plusieurs coups.

61ᵉ Exercice. *Comme le précédent.*

Un hangar.	Un marché.	Les beurres.
Des semoirs.	Les tanneries.	Le fromage.
La laiterie.	Une raffinerie.	Les huiles.
Les pressoirs.	Des distilleries.	Des suifs.
Un râtelier.	Une filature.	Une halle.
Les mangeoires.	Des usines.	Les betteraves.

62ᵉ Exercice. *Comme le précédent.*

Un confiseur.	Un maçon.	Un charcutier.
Des orfévres.	Des menuisiers.	Le pâtissier.
Un libraire.	Les serruriers.	La fruitière.
L'opticien.	Un charpentier.	Les épiciers.
La fleuriste.	Un peintre.	Un tailleur.
Une lingère.	Les bouchers.	Les cordonniers.

63ᵉ Exercice. *Mettre au pluriel les noms entre parenthèses.*

L'EXPOSITION UNIVERSELLE DE LONDRES EN 1862.

Beaucoup d'(*industriel*) français avaient renoncé à envoyer à Londres leurs (*produit*), étant avertis qu'ils n'auraient point une place suffisante. Parmi les (*richesse*) qui ont dignement représenté la France, on remarquait l'industrie parisienne, orfévrerie, (*meuble*), (*mode*), (*parure*); l'industrie lyonnaise, (*soie*) de toutes (*teinte*) et de tous (*dessin*); les (*porcelaine*) de Limoges, les (*tapisserie*) d'Aubusson, les (*dentelle*) et les (*broderie*) de Normandie, de Picardie, des Vosges, etc., les (*pièce*) métalliques du Creusot, les (*tissu*) de laine, de fil, de coton; les (*papier*), etc., etc...
    L'Angleterre avait exposé de magnifiques (*outil*) agricoles ou industriels; des (*appareil*) pour la marine. On a dû reconnaître le bon marché de ses (*tissu*) de coton, de ses tapis, de ses (*porcelaine*), etc...

64ᵉ Exercice. *Comme le précédent.*

L'EXPOSITION UNIVERSELLE DE LONDRES EN 1862 (suite).

La Prusse a exposé des (*voiture*), des (*sabre*), des (*acier*) fondus, des (*velours*); les autres (*État*) de l'Allemagne, des faulx, des (*tabac*), des (*engin*) de pêche, des (*ouvrage*) en bois, de très-beaux (*livre*), des (*carte*), des (*pipe*); — la Belgique, des (*collection*) de minéraux, des (*drap*) de Verviers, des (*arme*) de Liége, des (*toile*) de Flandre; — la Hollande, des (*couverture*) de laine, des tapis, des (*diamant*); — la Suisse, des (*dentelle*) et des (*broderie*), des (*ruban*), des (*montre*), des (*horloge*), des (*chronomètre*) ou (*montre*) de précision.

65ᵉ Exercice. *Comme le précédent.*

L'EXPOSITION UNIVERSELLE DE LONDRES EN 1862 (suite).

Le Danemark avait exposé des (*piano*), des (*porcelaine*); — la Suède, ses (*fer*) aciéreux, ses bois, ses (*outil*), ses (*parquet*), ses (*store*); — la Norvége ses (*minerai*) d'argent,

ses (*cuivre*), ses (*acier*), ses (*arme*), ses (*sculpture*) en bois ;
— la Russie, ses (*chaussure*), ses (*fourrure*), ses (*cuir*),
ses (*toile*) à voile, etc.; — la Turquie, ses tapis, ses (*casso-
lette*) ; — la Grèce, ses (*soierie*), ses (*broderie*), ses (*marbre*), ses (*raisin*), ses (*olive*), ses (*miel*).

66ᵉ Exercice. *Comme le précédent.*

L'EXPOSITION UNIVERSELLE DE LONDRES EN 1862 (suite).

L'Italie avait exposé ses (*marbre*), ses (*chanvre*) du Pié-
mont, des (*faïence*), des (*meuble*), des (*blé*), des (*pâte*) ali-
mentaire-, des (*instrument*) de chirurgie, de (*mathémati-
que*), etc. ; — l'Espagne, des (*couverture*), des (*chocolat*), des
(*éventail*), des (*raisin*) de Malaga, des (*vin*) de Xérès, des
(*laine*), des (*drap*), etc. ; — le Portugal, ses (*blé*), ses (*laine*),
ses (*instrument*) de précision ; — l'Algérie, ses (*blé*), ses
(*minerai*), ses (*soie*), ses (*coton*), ses (*marbre*) ; — la république de l'Équateur, ses (*écorce*) et ses (*jonc*) ; — Haïti, ses
(*acajou*) ; — le Brésil, des (*étoffe*), des (*diamant*), ses (*café*),
sa cannelle, son cacao.

67° Exercice. *Copier l'exercice en écrivant en* lettres *les
nombres écrits en* chiffres *(voir à la fin de l'exercice comment
s'écrivent ces nombres) et mettre au pluriel les noms entre parenthèses.*

Le territoire français est divisé en 86 (*département*), sub-
divisés en 362 (*arrondissement*) et en 2900 (*canton*) en-
viron, comprenant 36.000 (*commune*) et contenant une population totale de 36.500.000 (*habitant*).

Avant 1789, la France était divisée en 39 (*province*).

<pre>
       86...... quatre-vingt-six.
      362...... trois cent soixante-deux.
    2.900...... deux mille neuf cent.
   36.000...... trente-six mille.
36.500.000...... trente-six millions cinq cent mille.
    1.789...... Mil sept cent quatre-vingt-neuf.
       39...... Trente-neuf.
</pre>

68ᵉ Exercice. *Comme le précédent.*

PARIS.

Il y a 1.800 (*an*), Paris n'était qu'une petite bourgade

appelée Lutèce, habitée par quelques (*centaine*) de (*pêcheur*). Ce bourg était renfermé tout entier dans l'île de la Cité. Aujourd'hui, Paris est une ville immense, qui couvre une superficie de 25.758 (*hectare*) 80 (*are*) ou 257 (*million*) 288 mille (*mètre*) carrés. Une enceinte fortifiée de près de 34 (*kilomètre*) l'entoure et contient une population de près de 2.000.000. d'(*habitant*).

<pre>
    1.800..... Dix-huit cents.
   25.758..... Vingt-cinq mille sept cent cinquante-huit.
      80...... Quatre-vingts.
     257...... Deux cent cinquante-sept.
     288...... Deux cent quatre-vingt-huit.
      34...... Trente-quatre.
2.000.000...... Deux millions.
</pre>

69ᵉ Exercice. *Comme le précédent.*

COUP D'ŒIL SUR PARIS.

Paris compte 66 (*barrière*), 71 (*boulevard*), 2.000 (*rue*) qui formeraient, si on les plaçait à la suite les unes des autres, 900 (*kilomètre*) de (*voie*) publiques, et qui sont éclairées chaque soir par 20.000 (*bec*) de gaz ; plus de 40.000 (*maison*), 100 (*place*), 38 (*quai*), 25 (*pont*), 70 (*marché*), 10 (*abattoir*), 17 (*caserne*), 68 (*salle*) d'asile pour les (*enfant*), 250 (*école*) communales de divers (*degré*), 7 grands (*collége*) et une centaine de (*maison*) d'éducation, 70 (*église*) ou (*temple*), 28 hôpitaux ou (*hospice*), et 10 (*cimetière*).

<pre>
   66 . . . Soixante-six.   70 . . . Soixante-dix.
   71 . . . Soixante et onze.   10 . . . Dix.
2.000 . . . Deux mille.   17 . . . Dix-sept.
  900 . . . Neuf cents.   68 . . . Soixante-huit.
20.000 . . . Vingt mille.   250 . . . Deux cent cinquante.
40.000 . . . Quarante mille   7 . . . Sept.
  100 . . . Cent.   70 . . . Soixante-dix.
   38 . . . Trente-huit.   28 . . . Vingt-huit.
   25 . . . Vingt-cinq   10 . . . Dix.
</pre>

70ᵉ Exercice. INVENTION. *Compléter la phrase commencée en y ajoutant les noms donnés, précédés de des.*
Mettre une virgule après chaque nom.

1. On fait avec le fer *des clous*,...

Noms : clou, serrure, clef, outil, bêche, serpe, hache, pioche, grille, balcon, chaîne, lit, banc, chaise, paratonnerre, arme, boulet, canif, rasoir, sécateur, cercle, ustensile, gril, grille, poëlon, casserole, broche, marmite, fil, treillage, pelle, gond, charnière, crampon, triangle, châssis, pont.

2. Le zinc sert à faire des. .

Réservoir, baignoire, gouttière, robinet, vase, toiture.

71° Exercice. INVENTION. *Copier le premier paragraphe de l'exercice suivant et compléter les paragraphes commencés en y ajoutant les noms convenables, choisis dans la liste placée après l'exercice.*

1. Les plus importantes classes d'animaux sont les suivantes : les mammifères (*animaux à mamelles*), les oiseaux, les reptiles (*animaux qui rampent*), les insectes et les mollusques (*animaux au corps mou*).

2. Les plus remarquables des animaux mammifères sont...

3. Les principaux oiseaux sont...

MAMMIFÈRES ET OISEAUX : Le serin, l'aigle, l'éléphant, le lion, le vautour, l'épervier, le corbeau, le lion, la girafe, le cerf, le chameau, la pie, l'hirondelle le moineau, le merle, le cheval, la fauvette, le rossignol, le chardonneret, la baleine, le cachalot, le pigeon, la perdrix, la brebis, le perroquet, la vache.

72° Exercice. INVENTION. (*Suite de l'exercice précédent.*)

4. Les principaux poissons sont...
5. Les principaux reptiles sont...

POISSONS ET REPTILES : La carpe, le serpent, le brochet, la truite, la couleuvre, la vipère, l'anguille, la perche, le hareng, la grenouille, le crapaud, le thon, la sardine, la morue, le crocodile, la tortue, la raie, le maquereau, le lézard, le merlan, la sole, le turbot, le caïman, le boa, l'aspic, le saumon.

6. Les principaux insectes sont...
7. Les principaux mollusques sont...

INSECTES ET MOLLUSQUES : Le papillon, l'huître, la limace, les mouches, les guêpes, l'escargot, les abeilles, le ver à soie, le hanneton, l'araignée, la sauterelle, le grillon.

PLURIEL DE CERTAINS NOMS [1].

73ᵉ Exercice. *Copiez trois fois l'exercice suivant :*

Les noms terminés par **s, x. z** *ne changent pas au pluriel :*

Un *fils*	des *fils.*	Un *avis*	des *avis.*
Une *croix*	des *croix.*	Le *choix*	les *choix.*
Le *nez*	des *nez.*	Le *riz*	les *riz.*

74ᵉ Exercice. *Mettre au pluriel, en les faisant précéder de les ou des, les noms suivants :*

Un puits; une brebis; la poix; un villageois; le velours; un repas; la voix; le gaz, une croix; le riz; l'engrais; le lynx; un cadenas; le pays; le nez; une noix; un tapis; le taffetas; le corps.

75ᵉ Exercice. *Mettre au singulier les noms suivants :*

Les repas; les crucifix; les marais; des faulx; les brebis; les ours; les riz; les cyprès; des époux, les volubilis; des iris; les procès; les lois; des os; les succès; les gaz; les nez; les palais; les perdrix; des cadenas; les repas; les croix.

76ᵒ Exercice. *Copier l'exercice suivant :*

NOMS EN **au, eu.** — Ajouter un **x** au pluriel.

SINGULIER	PLURIEL	SINGULIER	PLURIEL
Le *jeu*	les *jeux.*	Le *feu*	les *feux.*
Un *bateau*	des *bateaux.*	Un *aveu*	des *aveux.*
Le *cheveu*	les *cheveux.*	Le *château*	les *châteaux.*
Le *lieu*	les *lieux.*	Le *barreau*	les *barreaux.*
Un *bureau*	des *bureaux.*	Un *adieu*	des *adieux.*
Un *marteau*	des *marteaux.*	Un *pieu*	des *pieux.*

1. *Note pour les maîtres.* Le pluriel irrégulier des noms étant passé sous silence dans le programme des écoles de la ville de Paris concernant le cours élémentaire, nous avons cru devoir en faire un chapitre à part. Ceux de MM. les Instituteurs qui voudront s'en tenir strictement au programme en question pourront donc, sans inconvénient, laisser de côté ce chapitre.

77ᵉ Exercice. *Mettre les noms suivants au pluriel :*

Un oiseau, le manteau, le neveu, un cadeau, le gâteau, l'eau, un aveu, le pieu, le couteau, un rideau, un essieu, le corbeau, le feu, un arbrisseau, le chameau, un cheveu, un noyau, le vaisseau, un tombereau, un préau, un fourneau, l'agneau.

78ᵉ Exercice. *Copier plusieurs fois et apprendre ce qui suit :*

NOMS EN **ou**.

Tous les noms en *ou* prennent *s* au pluriel, à l'exception des sept suivants qui prennent *x* :

Bijou, chou, hibou, pou.
Caillou, genou, joujou.

SINGULIER.	PLURIEL.
Un *bijou*	des *bijoux*.
Un *caillou*	des *cailloux*.
Un *chou*	des *choux*.
Un *genou*	des *genoux*.
Un *hibou*	des *hiboux*.
Un *joujou*	des *joujoux*.
Un *pou*	des *poux*.

79ᵉ Exercice. *Mettre au pluriel les noms en* **ou** *suivants :*

Un verrou, le caillou, un bijou, le sou, le cou, un hibou, le sapajou, un bambou, le clou, un pou, le caillou, un licou, le clou, un chou, un écrou, le genou, un joujou, un fou

80ᵉ Exercice. *Copier et apprendre ce qui suit :*

NOMS EN **al** ; PLURIEL **aux**.

Quelques noms en *al* prennent *s ;* ce sont :

Bal (*lieu où l'on danse*)	des *bals*.
Cal (*durillon*)	des *cals*.
Carnaval (*fête*)	des *carnavals*.
Chacal (*renard des pays chauds*)	des *chacals*.
Pal (*pieu aiguisé*)	des *pals*.
Régal (*plaisir en mangeant*)	des *régals*.
Serval (*chat-tigre*)	des *servals*.

81ᵉ Exercice. *Mettre au pluriel les noms suivants (les noms en* **al** *qui prennent* **s** *sont écrits en italique) :*

Le canal, un *chacal*, l'hôpital, un original, le général, un *cal*, un caporal, le *bal*, un tribunal, le principal, le *carnaval*, un animal, un *pal*, le rival, un végétal, le *régal*, un minéral, un piédestal, un *serval*.

82ᵉ Exercice. *Copier et apprendre ce qui suit [1] :*

LES NOMS EN **ail** font au PLURIEL **ails**, excepté :

Bail *(contrat)*	des *b*AUX.
Corail *(production marine d'un rouge éclatant)*	des *cora*UX.
Émail *(substance vitreuse)*	des *éma*UX.
Soupirail *(ouverture servant à éclairer un endroit souterrain)*	des *soupir*AUX.
Travail *(ouvrage fait ou à faire)*	des *trav*AUX.
Vantail *(battant d'une porte)*	des *vant*AUX.

83ᵉ Exercice. *Mettre au pluriel les noms en* **ail** *suivants ; ceux qui se terminent par* **aux** *au pluriel sont écrits en italique :*

Un détail, un portail, le gouvernail, un *bail*, un épouvantail, le *corail*, un éventail, le poitrail, un *soupirail*, un attirail, le *travail*.

84ᵉ Exercice. RÉCAPITULATION. *Changer le nombre des locutions suivantes.*

Les brebis.	Un moineau.	Un filou.
La croix.	Les couteaux.	Les verrous.
Un discours.	Un noyau.	Un caillou.
Les succès.	Le poireau.	Un chou.
Du taffetas.	Un aveu.	Le trou.
Les cadenas.	L'adieu.	Un licou.
Un tapis.	Un pieu.	Le joujou.
Des voix.	Un berceau.	Un hibou.
Les tamis.	L'arbrisseau.	Les cous.[1]

1. *Note pour les maîtres.* — Les explications ci-dessous étant forcément très-incomplètes, nous nous reposons sur les maîtres du soin de les développer.

85ᵉ Exercice. RÉCAPITULATION. *Changer le nombre des locutions suivantes :*

Un général.	Des régals.	Le *poitrail.*
L'hôpital.	Un *quintal.*	Un minéral.
Les chacals.	Des attirails.	Les travaux.
Un émail.	Les éventails.	Les chevaux.
Le gouvernail.	Un *portail.*	Un rival.
Un végétal.	Des *capitaux.*	Les locaux.
Les coraux.	Le *commensal.*	Les *cristaux.*
Le métal.	Un *camail.*	Les *arsenaux.*
Les bals.	Les baux.	Un *vassal.*

86ᵉ Exercice. *Copier et retenir ce qui suit.* — *Signification des mots écrits en italique dans l'exercice précédent.*

QUINTAL (plur. des *quintaux*), cent kilos.

PORTAIL (plur. des *portails*), entrée principale et monumentale d'un édifice et principalement d'une église.

CAPITAL (plur. des *capitaux*), somme d'argent.

COMMENSAL (plur. des *commensaux*), chacun de ceux qui mangent habituellement à la même table.

CAMAIL (plur. des *camails*), vêtement du clergé couvrant la tête et les épaules.

POITRAIL (plur. des *poitrails*), partie de devant du corps du cheval.

CRISTAL (plur. des *cristaux*), verre plus lourd et plus transparent que le verre ordinaire.

ARSENAL (plur. des *arsenaux*), magasin d'armes, de munitions de guerre.

VASSAL (plur. des *vassaux*), celui qui dépendait d'un seigneur.

EXERCICES D'INVENTION [1]

ET PROGRAMME SOMMAIRE DE LEÇONS DE CHOSES.

NOTA. On pourra alterner les Exercices d'*invention* ci-dessus avec les Exercices d'*application* qui se rapportent aux chapitres du NOM et de l'ADJECTIF.

Marche à suivre :

Faire faire de vive voix les Exercices avant de les faire écrire.

1. *Note pour les maîtres.* Les Exercices de ce genre peuvent être multipliés et variés à l'infini, selon le degré d'intelligence et l'âge des élèves. Prescrits par les instructions ministérielles pour les classes élémentaires, re-

87ᵉ Exercice. *Trouver et écrire :*

I... 4 noms *propres* de grands personnages de l'histoire sainte.

    4 noms *propres* de grands personnages de l'histoire de France.

    6 noms *propres* de grandes villes.

    4 — id. de montagnes.

    3 — id. de mers.

    4 — id. de fleuves ou de rivières.

II... Les *noms* par lesquels les divers peuples désignent l'Être suprême.

III... Les divers noms donnés aux *Israélites ;* — à la *Palestine.*

IV... Le nom ancien de la *France ;* — des *Français.*

V... Les noms *communs* servant à désigner des *souverains.*

VI... Vingt noms de *professions* exercées par des hommes.

VII... Cinq noms de *métiers* exercés par des femmes.

VIII... Six noms d'*habitations* d'hommes : maison, etc...

IX... Les divers noms donnés aux *logements* des animaux.

X... Cinq noms de *vertus* ou de *qualités.*

XI... Cinq noms de *défauts* ou de *vices.*

XII... Dix noms de *maladies* ou d'*infirmités.*

XIII... Les noms des *différentes parties du corps.*

XIV... Les noms des *principaux organes internes.*

XV... Les noms des diverses parties de l'*œil ;* — des trois sortes de *dents ;* — des cinq *doigts ;* — des cinq *sens ;* — des différents *âges.*

XVI... Le nom par lequel on désigne les animaux à *deux pieds ;* — à *quatre pieds ;* — à *deux mains ;* — à *quatre mains ;* — à *mamelles.*

XVII... Citez des animaux de chacune de ces catégories.

XVIII... Le nom donné aux animaux qui se nourrissent de *chair*; — d'*insectes*; — d'*herbe*; — qui mangent de *tout* comme l'homme.

XIX... Citez quelques-uns de ces animaux.

XX... Quel nom donne-t-on aux animaux qui peuvent vivre indifféremment dans l'eau et sur la terre?

XXI... Citez dix animaux *sauvages*; — dix animaux *domestiques*; — dix oiseaux *utiles*; — dix animaux *nuisibles*; — cinq oiseaux de *basse-cour*; — trois oiseaux de *passage*.

XXII... Citez les noms de trois oiseaux de *proie*; — de trois *reptiles*; — de quatre *insectes*; — de six *poissons* d'*eau douce*; — de six *poissons de mer*.

XXIII... Citez les noms de cinq animaux vivant dans les pays *chauds*; — de cinq vivant dans les pays *froids*.

XXIV... Citez toutes les *bêtes de somme* que vous connaissez.

XXV... Dites le nom de l'animal le plus *utile*; — le plus *fidèle*; — le plus *intelligent*; — le plus *doux*; — le plus *méchant*; — le plus *rusé*; — le plus *hypocrite*; — le plus *malpropre*; — le plus *agile*; — le plus *lent*.

XXVI... Citez cinq noms d'*arbres*; — cinq noms d'*arbustes* ou d'*arbrisseaux*; — cinq *céréales*; — dix plantes *potagères*; — trois plantes *fourragères*; — cinq plantes d'*agrément*.

XXVII... Citez les noms des plantes *aromatiques*; — *textiles*; — *oléagineuses*; — *tinctoriales*; — *industrielles*; — *médicinales*; — *vénéneuses*; — *exotiques* ou *étrangères* que vous connaissez.

XXVIII... Citez le nom de la plante *la plus utile*.

XXIX... Nommez les différentes parties d'une *plante*; — d'une *fleur*.

XXX... Dites quel est le métal le plus *utile*; — le plus *lourd*; — le plus *recherché*.

XXXI... Citez les noms des *quatre saisons* et l'*époque* où elles commencent; — les noms des *douze mois* de l'année; — des *sept jours* de la semaine.

XXXII... Citez les *diverses religions*; — les principales *fêtes* de l'Église qui se célèbrent à *dates fixes*; — les grandes *fêtes mobiles*.

XXXIII... Citez les noms désignant les divers *grades* dans l'armée ; — les noms donnés aux diverses armes : *infanterie*, etc. ; — les noms d'armes *offensives* ; — d'armes *défensives*.

XXXIV... Nommez cinq *objets* servant aux *écoliers* ; — dix noms d'*instruments* ou d'*outils* servant à la *culture* ; — dix noms d'*ustensiles* de ménage.

XXXV... Nommez les différentes parties d'une *maison* ; — d'une *église* ; — d'une *pension* ; — d'une *croisée* ; — d'une *porte* ; — d'une *serrure*.

CHAPITRE III

DE L'ADJECTIF.

—

§ 1. DE L'ADJECTIF EN GÉNÉRAL.

36. L'ADJECTIF est un mot que l'on ajoute au nom pour en marquer la QUALITÉ ou pour le DÉTERMINER.

37. Il y a donc deux sortes d'*adjectifs :* les *adjectifs* QUALIFICATIFS et les *adjectifs* DÉTERMINATIFS.

§ 2. DES ADJECTIFS QUALIFICATIFS.

38. L'*adjectif* QUALIFICATIF exprime la QUALITÉ des personnes ou des choses.

Ex. : Un soldat *courageux ;*
Des personnes *aimables ;*
Une table *ronde.*

Les mots *courageux, aimables, ronde* sont des *adjectifs* QUALIFICATIFS.

39. On reconnaît qu'un mot est ADJECTIF quand on peut y joindre les noms *personne* ou *chose.*

Ainsi HONNÊTE, UTILE sont des adjectifs parce que l'on peut dire : *personne* HONNÊTE, *chose* UTILE.

§ 3. DU GENRE ET DU NOMBRE DANS LES ADJECTIFS.

40. Les *adjectifs* ont, comme les noms, un *genre* et un *nombre;* ils prennent le *genre* et le *nombre* des noms auxquels ils se rapportent.

Ex. : *Un homme* POLI.

Poli est du masculin et du singulier parce qu'il se rapporte à *homme* qui est du masculin et du singulier.

Des livres INSTRUCTIFS.

Instructifs est au masculin pluriel parce que le mot *livres* est du masculin et du pluriel.

Une dame AIMABLE.

Aimable est du féminin et du singulier parce que le nom *dame* auquel il se rapporte est au féminin et au singulier.

Des connaissances UTILES.

Utiles est du féminin et du pluriel parce qu'il se rapporte à *connaissances* qui est du féminin et du pluriel.

88ᵉ Exercice. *Copier l'Exercice et souligner les adjectifs.*

Enfant chrétien.	Ligne droite.
Jeune dame.	Couleur uniforme.
Bonne tenue.	Pantalon étroit.
Souvenir agréable.	Vaste étendue.
Lèvre supérieure.	Lieu suspect.
Oreille immobile.	Selle légère.
Longue crinière.	Domestique fidèle.
Cheval sauvage.	Animal sobre.
Insecte nuisible.	Pays désert.
La première place.	Maison saine.

89ᵉ Exercice. INVENTION. *Remplacer les adjectifs de l'exercice précédent par d'autres ayant une signification contraire.*

90° Exercice. INVENTION. *Ajouter à chacun des noms suivants un adjectif choisi dans la liste donnée à la suite de l'Exercice.*

Un élève...   Un enfant...
Un tableau...   Un arbre...
Un chien...   Un fruit...
Un habit...   Du pain...
Un maître...   Du papier...

Adjectifs : Indulgent, — blanc, — moisi, — usé, — excellent, — fidèle, — élevé, — appliqué, — noir, — docile.

91° Exercice. *Rapprocher les adjectifs suivants de leur signification donnée à la suite.*

Adjectifs : Perfide, — odoriférant, — diligent, — escarpé, — nutritif, — émoussé, — fluide, — spacieux, — stagnant, — fertile.

1. . Qui a une pente très-raide.
2. . Qui répand une bonne odeur.
3. . Qui est propre à nourrir.
4. . Fécond, qui produit beaucoup.
5. . Moins aigu, moins tranchant.
6. . Qui ne coule point.
7. . Qui est coulant.
8. . Qui manque à sa parole; déloyal.
9. . Prompt, laborieux.
10. . Qui est de grande étendue.

92° Exercice. *Copier l'Exercice et souligner les adjectifs.*

Une nation barbare.   Un ouvrage facile.
La douce remontrance.   L'enfant laborieux.
La première place.   La courte prière.
Une éducation soignée.   Une haute tour.
Une personne prudente.   Un enfant instruit.
Un homme prodigue.   Un élève absent.
L'enfant coupable.   Un court intervalle.
Le verre limpide.   L'enfant vertueux.
Une faute volontaire.   Le châtiment éternel.
Une ville paisible.   Une position supérieure.

93° Exercice. INVENTION. *Remplacer les adjectifs de l'Exercice précédent par d'autres ayant une signification contraire.*

94° Exercice. *Comme le 91°.*

Adjectifs : Vorace, — contigu, — transparent, — sobre,

— crédule, — incolore, — verdoyant, — récent, — intéressé, — quotidien.

1. . Qui devient vert.
2. . De chaque jour.
3. . Tempérant dans le boire et dans le manger.
4. . Au travers de quoi l'on peut voir les objets.
5. . Qui touche, qui est attenant.
6. . Qui croit trop facilement.
7. . Nouveau; arrivé depuis peu.
8. . Qui n'est pas coloré.
9. . Qui est trop attaché à ses intérêts.
10. . Qui dévore, qui mange avec avidité.

95ᵉ Exercice. *Copier l'Exercice et souligner les adjectifs.*

LE LION ET LE TIGRE.

Le lion a l'air noble : la hauteur de ses jambes est proportionnée à la longueur de son corps; une épaisse et grande crinière couvre ses épaules et ombrage sa face; son regard est assuré, sa démarche grave. Le tigre, trop long de corps, trop bas sur ses jambes, la tête nue, les yeux hagards, la langue couleur de sang, toujours hors de la gueule, n'a que le caractère de la basse méchanceté et de l'insatiable cruauté.

96ᵉ Exercice. INVENTION. *Ajouter à chacun des noms suivants un adjectif convenable.*

Un feu...	Un air...
Une assiette...	Une écriture...
Un fruit...	Un cahier...
Un abricot...	Un enfant...
Un melon...	Un bœuf...

97ᵉ Exercice. *Copier l'Exercice et souligner les adjectifs.*

Du papier épais.	Un vieux bâtiment.
Un jeune ormeau.	Une saison agréable.
Un large pantalon.	Un homme franc.
Un métal abondant.	Un serviteur fidèle.
De l'eau limpide.	Un bonheur fugitif.
Un conte amusant	Le pain tendre.
Un discret ami.	Un rapport faux.
Une contrée méridionale.	Un bon conseil.
Un temps pluvieux.	Une histoire véridique.
Une brebis grasse.	Un succès certain.

98ᵉ Exercice. INVENTION. *Remplacer les adjectifs de l'Exercice précédent par d'autres ayant une signification contraire.*

99ᵉ Exercice. *Comme le 91ᵉ.*

Adjectifs : Savoureux, exigu, rustique, inodore, grêle, monotone, fragile, carnassier, flexible, hargneux.

1. . Petit, étroit.
2. . Champêtre, de la campagne.
3. . Qui a une saveur agréable.
4. . Querelleur.
5. . Qui est sans odeur.
6. . Long et menu.
7. . Qui est toujours sur le même ton.
8. . Aisé à se rompre, à se casser.
9. . Qui se nourrit de chair crue.
10. . Souple, qui plie aisément.

100ᵉ Exercice. Invention. *Remplacer les points par un nom convenable choisi dans la liste donnée à la suite de l'Exercice.*

Un. . magnifique.	Un. . studieux.
Un. . violent.	Un. . national.
Un. . solide.	Un. . quotidien.
Un. . rusé.	Un. . mousseux.
Un. . indigeste.	Un. . ardent.

Noms : Vent, mets, cadeau, verrou, élève, renard, garde, vin, feu, journal.

101ᵉ Exercice. Invention. *Trouver les noms auxquels conviennent les qualificatifs suivants :*

Un. . bavard.	Un. . sincère.
Un. . noir.	Un. . vrai.
Un. . bleu.	Un. . courageux.
Un. . fertile.	Un. . douillet.
Du. . mauvais.	Un. . gras.

102ᵉ Exercice. *Copier l'Exercice, souligner les adjectifs et en indiquer le* genre.

Singe apprivoisé.	Ancien continent.
Travail nocturne.	Ami triste.
Naturel doux.	Un ouvrier adroit.
Extrémité inférieure.	Espace étroit.
Époque reculée.	Disparition prochaine.
Paroi épaisse.	Chant monotone.
Température élevée.	Chaleur intérieure.
Dent longue.	Jambe grêle.
Proie vivante.	Travail pénible.
Poitrine large.	Gai compagnon.

103ᵉ Exercice. INVENTION. *Remplacer les adjectifs de l'exercice précédent par d'autres ayant une signification contraire.*

104ᵉ Exercice. *Rapprocher des adjectifs de la liste suivante ceux de la seconde liste qui ont une signification contraire.*

> *Ex. :* humide, sec.

1ʳᵉ Liste.

Humide, victorieux, loyal, crédule, haut, détesté, visible, juste, éternel, privé, absent, funeste, récent, productif, mortel, certain, limpide, joli, lâche, lent, dur, voisin, léger, prévoyant, émoussé, facile, inodore, parfait.

2ᵉ Liste.

Imparfait, rapide, odorant, vaincu, public, difficile, mou, déloyal, aimé, présent, immortel, éloigné, incrédule, invisible, douteux, lourd, improductif, trouble, heureux, injuste, sec, temporel, imprévoyant, bas, tranchant, laid, courageux, ancien.

105ᵉ Exercice. *Copier l'Exercice, souligner les adjectifs qualificatifs et en indiquer le* nombre.

Une mère indulgente.	Les tableaux noirs.
Des maîtres sévères.	Une arme meurtrière.
Une bonne pensée.	Des bœufs vigoureux.
De jolies fleurs.	Un terrain pierreux.

106ᵉ Exercice. *Comme le précédent.*

Une coutume ancienne.	Une vilaine bête.
Des tables rondes.	Les murs épais.
De sottes réponses.	Les petits garçons.
Les soldats courageux.	Une personne sensée.

107ᵉ Exercice. *Comme le 104ᵉ.*

1ʳᵉ Liste.

Irrégulier, captif, négatif, poli, mauvais, grand, vrai, discret, commun, difficile, indulgent, prudent, plaisant, sobre, incliné, modeste, pauvre, exact, innocent, aigre, sale, pareil, heureux, séparé, inattentif, vieux, lumineux, ingrat.

2ᵉ Liste.

Petit, facile, déplaisant, orgueilleux, bon, rare, imprudent, droit, impoli, indiscret, sévère, intempérant, faux, régulier, riche, doux, inexact, dissemblable, attentif, affirmatif, obscur, coupable, propre, malheureux, contigu, libre, jeune, reconnaissant.

108ᵉ Exercice. *Copier l'Exercice, souligner les adjectifs et en indiquer le* genre *et le* nombre.

Une substance fluide.	Une pierre dure.
Un ouvrage utile.	Un homme libre.
Des villes immenses.	Des réunions publiques.
Un pied court.	Une galerie large.
Le vin aigre.	Des pluies abondantes.
Des peuples hospitaliers.	Une robe blanche.
Les soldats disciplinés.	Des tigres cruels.
Un habit étroit.	Un char lourd.
Un animal utile.	Un potage épais.
Des corps robustes.	Des circonstances favorables.

109ᵉ Exercice. *Souligner les adjectifs et indiquer entre parenthèses ( ), à la suite de chacun d'eux, le genre et le nombre.*

Charlemagne était robuste de corps, large de *carrure*, haut de taille sans se trouver d'une grandeur *démesurée*. Il avait le *crâne* arrondi, les yeux grands et vifs, le nez un peu long, la chevelure belle, la *physionomie* ouverte et animée. Son aspect était plein de noblesse et d'autorité ; bien qu'il eût le cou gros et court et le ventre trop *proéminent*, les justes proportions du reste de ses membres empêchaient qu'on prît garde à ces défauts. Sa démarche était assurée, ses gestes *mâles* et fiers, sa voix claire, mais un peu *grêle* pour ce vaste corps.

110ᵉ Exercice. INVENTION. *Placer, en regard de chacune des définitions suivantes, celui des mots écrits en italique dans l'exercice précédent qui y correspond.*

1. . . Boîte osseuse qui renferme le cerveau.
2. . . Expression du visage.
3. . . Énergique.
4. . . Largeur du dos prise d'une épaule à l'autre.
5. . . Faible.
6. . . Qui dépasse la mesure ordinaire.
7. . . Qui avance, qui est plus saillant que ce qui l'entoure.

§ 4. FORMATION DU FÉMININ DANS LES ADJECTIFS.

RÈGLE GÉNÉRALE.

41. On forme le *féminin* des adjectifs en ajoutant un *e* muet au masculin.

Ex. : *Masculin.* Un homme *prudent.*
Féminin. Une femme *prudente.*

Masculin. Un *grand* tableau.
Féminin. Une *grande* table.

42. Les adjectifs terminés au masculin par un e muet ne changent pas au féminin.

Ex. : *Masculin.* Un homme *aimable.*
Féminin. Une femme *aimable.*

ADJECTIFS TERMINÉS PAR **er** ; FÉMININ **ère**.

43. Les adjectifs en ER, comme *léger*, *grossier*, se terminent au féminin par un E muet, et en outre ils prennent un *accent grave* sur l'E qui précède l'R.

Ex. : Masculin. *Fier.*   Féminin. *Fière.*
       Léger.   *Légère.*
       Grossier.   *Grossière.*

ADJECTIFS EN **et** ; FÉMININ **ète**.

44. *Huit* adjectifs terminés par ET : *complet, incomplet, concret, discret, indiscret, inquiet, replet* (gras), *secret,* prennent aussi au féminin, outre l'E muet final, un *accent grave* sur l'E qui précède le T.

MASCULIN	FÉMININ	MASCULIN	FÉMININ
Ex. : *Complet*	*Complète.*	*Indiscret*	*Indiscrète.*
Incomplet	*Incomplète.*	*Inquiet*	*Inquiète.*
Concret	*Concrète.*	*Replet*	*Replète.*
Discret	*Discrète.*	*Secret*	*Secrète.*

ADJECTIFS EN **gu** ; FÉMININ **guë**.

45. Les adjectifs en GU se terminent au féminin par un E surmonté d'un tréma : Ë.

Ex. : Masculin, *Aigu.*   Féminin, *Aiguë.*
        Exigu.   *Exiguë.*

111ᵉ Exercice. *Former le féminin des adjectifs suivants :*

Saint, sacré, grand, puissant, rond, plein, touchant, élégant, prudent, suffisant, éclatant, étonnant, constant, fertilisé, prompt, patient, content, savant, éloquent, indulgent, moral, poli, filial, distinct, noir, vert, doré, froid, pur, cru, clair, français.

112ᵉ Exercice. *Donner le* masculin *des adjectifs* féminins *suivants :*

Grande, prudente, sourde, dure, zélée, polie, gaie, jolie, parfaite, certaine, obéissante, obscure, noire, laide, mauvaise, exacte, grise, méchante, égale, adroite, innocente, instruite, bleue, vraie, verte, patiente, fine, infecte, mûre, voisine, plate, froide, lente, entière.

113ᵉ Exercice. *Écrire en avant de chaque adjectif* féminin *son masculin.*

Laide, sainte, *niaise*, mauvaise, distraite, criarde, avocate, contrefaite, infecte, *incandescente*, *stupéfaite*, babillarde, plate, innocente, *récente*, *abjecte*, *correcte*, violente, fervente, *turbulente*, excellente, *érudite*, *inédite*, permise, manuscrite, grise, réjouie, endolorie, subite, courte, confuse, lourde, blonde.

114ᵉ Exercice. *A chacune des définitions qui vont suivre correspond un adjectif dont le féminin est écrit en italique dans l'Exercice précédent. Trouvez cet adjectif et écrivez-le en regard de sa définition.*

1. . . qui est exempt de faute ; conforme aux règles.
2. . . qui fait du bruit.
3. . . savant.
4. . . qui n'a point été publié.
5. . . simple, sot.
6. . . nouveau.
7. . . qui a été chauffé à blanc.
8. . . vil, méprisable.
9. . . immobile de surprise.

115ᵉ Exercice. *Écrire en avant de chaque adjectif féminin son masculin.*

Endurcie, irréfléchie, *inouïe*, mensongère, *perverse*, inquiète, passagère, *décrépite*, discrète, *viagère*, gratuite, hospitalière, close, princière, discrète, nourricière, droite, secrète, singulière, adroite, *furibonde*, familière, *printanière*, nauséabonde, dévote, *carnassière*, sourde, *percluse*.

116° Exercice. *Chercher dans l'exercice précédent l'adjectif qui correspond à chacune des définitions ci-dessous.*

1. . . vieux et cassé.
2. . . qui est tel qu'on n'a jamais rien ouï de semblable.
3. . . méchant, dépravé.
4. . . qui se nourrit de chair
5. . . qui cause du dégoût, qui donne des nausées.
6. . . dont on ne doit jouir que pendant sa vie.
7. . . privé de mouvement ; impotent.
8. . . qui est du printemps.
9. . . qui est sujet à de violents accès de colère.

117ᵉ Exercice. *Remplacer le tiret par l'adjectif correspondant.*

1. Un récit vrai,
   Une histoire —

2. Un combat sanglant,
   Une lutte —

3. Le petit garçon poli,
   La — fille —

4. Un homme prudent,
   Une conduite —

5. Un champ étroit,
Une rue —

7. Le peuple civilisé,
La nation —

6. Un billet écrit,
Une lettre —

8. Un livre intéressant,
Une fable —

118ᵉ Exercice. *Comme le précédent.*

1. Le verre transparent,
L'eau —

5. L'enfant léger,
La faute —

2. Un peuple commerçant,
Une ville —

6. Un homme fier,
Une âme —

3. Un peuple hospitalier,
Une nation —

7. Un cri aigu,
Une douleur —

4. Un mets grossier,
Une nourriture —

8. Un billet ambigu,
Une déclaration —

119ᵉ Exercice. *Comme le précédent.*

1. Un ami discret,
Une personne —

5. Un mur intérieur,
Une cour —

2. Le couvent hospitalier,
La maison —

6. Un génie supérieur,
Une intelligence —

3. Un fleuret aigu
Une lance —

7. L'enfant discret,
La personne —

4. Un fait antérieur,
Une date —

8. Un père inquiet,
Une mère —

120ᵉ Exercice. *Remplacer les noms féminins des locutions suivantes par d'autres au masculin choisis dans la liste donnée et faire subir aux adjectifs les changements nécessaires :*

Une lecture intéressante.
Une grande cour.
Une haute tour.
Une pierre luisante.
Une mission importante.

Une distraction innocente.
Une bière excellente.
Une rose épanouie.
Une tulipe fanée.
Une hyacinthe éclose.

Noms masculins : clocher, message, récit, œillet, jardin, jeu, dahlia, vin, géranium, métal.

121ᵉ Exercice. *Devoir analogue au précédent : Noms masculins à remplacer par des noms féminins, etc.*

Un village charmant.
Un fruit vert.
Un costume complet.
Un abcès intérieur.
Un intérêt majeur.

Un état meilleur.
Un métal léger.
Un arrangement secret.
Un feu ardent.
Un prince fier.

Noms féminins : toilette, tumeur, situation, princesse, prune, ville, considération, pierre, flamme, entente.

§ 5. FORMATION DU PLURIEL DANS LES ADJECTIFS.

RÈGLE GÉNÉRALE.

46. On forme le pluriel des adjectifs comme celui des noms, c'est-à-dire qu'on ajoute un *s* au singulier.

Ex. : *Singulier*. Un homme *savant*.
Une femme *savante*.
Pluriel. Des hommes *savants*.
Des femmes *savantes*.

47. *Remarque*. — Les adjectifs terminés au singulier par s ou x ne changent pas au pluriel.

Ex. : *Singulier*. Un caractère *joyeux*.
Un habit *gris*.
Pluriel. Des caractères *joyeux*.
Des habits *gris*.

[*Mettre au pluriel les mots du* **92ᵉ Exercice.**]

ADJECTIFS EN **eau** ; PLURIEL **eaux**.

48. Les adjectifs terminés au singulier par EAU prennent un x au pluriel.

Ex. : *Singulier*. Le *b*EAU livre.
Le fruit *nouv*EAU.
Pluriel. Les *b*EAUX livres.
Les fruits *nouv*EAUX.

§ 6. ACCORD DE L'ADJECTIF AVEC LE NOM.

49. Nous avons déjà vu (page 37) que l'*adjectif* prend le GENRE et le NOMBRE du nom auquel il se rapporte.

Ex. : *Un fruit* EXCELLENT ; *une poire* EXCELLENTE.
Des fruits EXCELLENTS ; *des poires* EXCELLENTES.

[*Changer le nombre des* **Exercices 105, 106 et 108.**]

ADJECTIF SE RAPPORTANT A PLUSIEURS NOMS.

50. Quand un adjectif se rapporte à *plusieurs noms,* on met cet adjectif au *pluriel.*

51. Si *les noms* sont au *masculin,* l'adjectif se mettra au PLURIEL MASCULIN.

Ex. : *Un pantalon et un gilet* ÉTROITS.

52. Si *les noms* sont au *féminin,* l'adjectif se mettra au PLURIEL FÉMININ.

Ex. : *Une veste et une redingote* ÉTROITES.

53. Si *les noms* auxquels se rapporte l'*adjectif* sont de GENRES DIFFÉRENTS, c'est-à-dire si l'un est *masculin* et l'autre *féminin, l'adjectif se met au* PLURIEL MASCULIN.

Ex. : *Un père et une mère* INDULGENTS.
Une histoire et un conte INSTRUCTIFS.

122ᵉ Exercice. *Ajouter aux noms suivants un adjectif choisi dans la liste donnée et faire varier cet adjectif, s'il y a lieu.*

1. Le maître. .	7. Une voix. . .
2. Une rue. .	8. Un lieu. . .
3. Une personne. . .	9. Une ligne. . .
4. Un fait. . .	10. La toile. . .
5. Une fille. . .	11. Une température . . .
6. La tendresse. . .	12. Une poule. . .

Adjectifs : Distinct, noir, droit, exagéré, obscur, indulgent, filial, bleu, obéissant, étroit, poli, froid.

123ᵉ Exercice. *Faire accorder les adjectifs avec les noms auxquels ils se rapportent.*

Une robe et une jupe (*noir*).
Un père et un maître (*indulgent*).
Un chapeau et un voile (*bleu*)
Une pomme et une noix (*mûr*).
Un laboureur et un artisan (*actif*).
Un chemin et un passage (*étroit*)
Une dame et sa fille (*instruit*).
Un chapeau et un gilet (*neuf*).
Un moissonneur et un vendangeur *diligent.*

Une histoire et une fable (*intéressant*).
Une pomme et une poire (*excellent*).
Un pantalon et un gilet (*neuf*).
Une veste et une redingote (*usé*).
Un menton et un nez (*pointu*).
Une lingère et une brodeuse (*adroit*).
Une propriété et une maison (*communal*).

124ᶜ Exeroice. *Comme le précédent.*

Un père et une mère (*désolé*).
Un étang et une mare (*desséché*).
Un maître et une maîtresse (*indulgent*).
Une moissonneuse et une vendangeuse (*gai*).
Un chien et une chatte (*ami*).
Le perdreau et la caille (*recherché*).
Un potage et un ragoût (*brûlant*).
Une prairie et un champ (*verdoyant*).
Le bras et la mâchoire (*fracassé*).
Une oie et un cygne (*blanc*).
Une vache et une génisse (*vendu*).
Une brebis et un mouton (*perdu*).
Une rose et un œillet (*fané*).
Une herbe et une fleur (*odoriférant*).
Une salle et une cour (*exigu*).
La mère et la fille (*fier*).

125ᵉ Exeroice. *Faire accorder les adjectifs avec les noms auxquels ils se rapportent.*

Un fils et une fille (*obéissant*).
Une cave et une chambre (*obscur*).
Un coq et une poule (*noir*).
Un ouvrier et une ouvrière (*intelligent*).
Une chambre et une alcôve (*malsain*).
Un dictionnaire et une géographie (*universel*).
Un père et une mère (*inquiet*).
Une orange et un citron (*gâté*).
Des soucis et des préoccupations (*constant*).
Une république et un royaume (*florissant*).
La barbe et les cheveux (*court*).
Des boutons et des palmes (*doré*).
Une cravate et une veste (*gris*).
Des tables et des bancs (*étroit*).
Des portes et des fenêtres (*ouvert*).
Le plafond et la muraille (*blanchi*).

126ᵉ Exercice. *Comme le précédent.*

LES CHIENS.

Les chiens sont pour les hommes des compagnons (*fidèle*), des aides (*adroit*) et (*industrieux*), des défenseurs (*prêt*) à sacrifier leur vie pour sauver leurs maîtres.

Les chiens ont la vue (*excellent*), l'odorat (*délicat*), l'ouïe très-(*fin*), les oreilles (*grand*), (*pointu*), (*mobile*). (*dirigé*) en avant, le cou (*long*) et (*épais*), le corps (*allongé*), la poitrine (*large*), les jambes (*grêle*), (*flexible*), (*léger*) et (*plein*) de nerfs. Toutes les proportions de leur corps annoncent la force et l'agilité.

127ᵉ Exercice. *Faire accorder les adjectifs avec les noms auxquels ils se rapportent.*

LA PANTHÈRE,

La panthère a l'air (*féroce*), l'œil (*inquiet*), le regard (*cruel*), les mouvements (*brusque*), et le cri (*semblable*) à celui d'un dogue en colère; elle a même la voix plus (*fort*) et plus (*rauque*) que le chien (*irrité*); elle a la langue (*rude*) et très-(*rouge*), les dents (*fort*) et (*pointu*), les ongles (*aigu*) et (*dur*), la peau belle, d'un fauve plus ou moins *foncé*), (*semé*) de taches (*noir*), (*arrondi*) en anneaux, ou (*réuni*) en forme de roses, le poil (*court*), la queue (*marqué*) de (*grand*) taches (*noir*) au-dessus, et d'anneaux (*noir*) et (*blanc*) vers l'extrémité. La panthère est de la taille et de la tournure d'un dogue de (*fort*) race, mais moins (*haut*) de jambes.

128ᵉ Exercice. *Faire accorder les adjectifs avec les noms auxquels ils se rapportent.*

Les métaux ou substances (*métallique*) sont des corps (*pesant*), (*opaque*), (*brillant*), (*malléable*), (*fusible*), etc. Ils sont d'une (*grand*) utilité pour les usages (*domestique*) et dans les arts.

Le granit et le porphyre sont des pierres très-(*dur*), (*susceptible*) d'un (*beau*) poli, et (*employé*) dans la construction des monuments (*public*).

Les grenats sont ordinairement (*rouge*) ou (*vermeil*), quelquefois (*brun*), (*jaune*) ou (*verdâtre*).

129ᵉ Exercice. *Comme le précédent.*

Le soufre est une substance (*dur*) et (*cassant*), de couleur (*jaune*), plus (*pesant*) que l'eau, et brûlant avec une flamme d'un bleu (*pâle*) qui produit des vapeurs (*suffocant*).

On appelle bitumes des substances (*minéral*) tantôt (*liquide*) comme la poix (*fondu*), tantôt (*solide*) mais s'enflammant toujours avec facilité, et dégageant une odeur (*particulier*) qui les fait reconnaître. Il y a (*divers*) espèces de bitumes : 1º le bitume (*liquide*) nommé aussi naphte ou pétrole dont il existe des sources (*abondant*) en Amérique ; 2º l'asphalte, qu'on trouve en masses (*compacte*) sur les eaux du lac Asphaltite ou mer (*Mort*), en Judée.

130ᵉ Exercice. *Faire accorder les adjectifs.*

Des eaux. — Les eaux (*potable*) sont celles qui peuvent servir de boisson (*journalier*) sans que leur emploi occasionne d'indisposition. Les eaux habituellement non (*potable*) sont celles qui renferment ou une (*grand*) quantité de matières (*salin*) comme les eaux de la mer et des sources (*salé*), ou des substances (*végétal*) ou (*animal*) en décomposition, comme les eaux des mares et des étangs.

131ᵉ Exercice. *Faire accorder les adjectifs.*

Des eaux (suite). — L'eau de pluie (*recueilli*) après les (*premier*) ondées en (*ras*) campagne dans de (*large*) vases est à peu près (*pur*).

Certaines eaux tiennent en dissolution des substances (*minéral*) qui leur donnent des propriétés (*médicinal*). Ces eaux sont (*froid*) ou (*chaud*) : lorsqu'elles sont (*chaud*), elles portent le nom d'eaux (*thermal*).

132ᵉ Exercice. *Faire varier, s'il y a lieu, les noms et les adjectifs écrits entre parenthèses.*

LA GAULE ANCIENNE.

La France s'appelait autrefois la Gaule.

Quand nous parcourons aujourd'hui nos (*riche*) (*campagne*) (*sillonné*)* de (*route*), de (*chemin*) de fer et de canaux, (*semé*)* de (*village*) et de (*ville*) (*florissante*), nous avons peine à nous représenter la Gaule, telle qu'elle était quatre ou cinq (*siècle*)* avant Jésus-Christ, avec ses (*immense*) (*forêt*) (*peuplé*) de (*loup*), d'(*ours*) et de (*sanglier*) ; ses (*lande*)* et ses (*bruyère*)* (*désert*), ses (*fleuve*) sans lit débordant en (*vaste*) (*marécage*).*

133ᵉ Exercice. *Placer en regard de chacune des définitions*

suivantes le terme convenable, choisi parmi ceux qui sont sur-
montés d'un astérisque dans l'Exercice précédent.

1. . . . Parsemé.
2. . . . Couvert.
3. . . . Grande étendue de terrain humide et bourbeux.
4. . . . Espace de temps composé de cent ans.
5. . . . Terrain où croît la petite plante appelée bruyère.
6. . . . Grande étendue de terre inculte et stérile.

134ᵉ Exercice. *Comme le 132ᵉ.*

LA GAULE ANCIENNE (suite).

Le voyageur perdu au milieu de cette (*nature*) (*sauvage*),
aurait pu cheminer* plus d'un (*jour*), par les (*étroit*) (*sentier*) (*frayé*)* dans les (*bois*), avant d'apercevoir, au sommet de quelque (*colline*) (*escarpé*)*, un mur de (*pierre*)
(*entassé*) sans mortier et sans ciment*, et derrière cette enceinte des (*hutte*)* de (*bois*) ou de terre (*groupé*) au hasard.

135ᵉ Exercice. *Comme le 133ᵉ.*

1. . . . Tracé, pratiqué.
2. . . . Qui a une pente très-raide.
3. . . . Marcher.
4. . . . Espèce de mortier.
5. . . . Petite cabane.

136ᵉ Exercice. *Comme le 132ᵉ Exercice.*

LA GAULE ANCIENNE (suite).

S'il avait osé pénétrer dans ces (*grossier*) (*demeure*), il aurait pu voir, (*accroupi*)* près du foyer, des (*homme*) à la
taille (*élevé*), aux yeux (*bleu*), aux épaisses (*moustache*), aux
(*long*) cheveux (*flottant*), les bras et la poitrine (*orné*) de (*ta-
touage*)* (*bizarre*) et les (*épaule*) (*couvert*) de peaux de (*bête*).
Pas d'autre (*mobilier*) qu'une litière de peaux ou de feuillage,
des (*poterie*) (*informe*), une hache de pierre (*poli*) à force de
patience, quelques (*silex*)* (*aiguisé*) en forme de (*flèche*) ou
de couteaux, et de longues (*épée*) de cuivre, (*flexible*)* et
(*tranchante*), mais sans pointe.

137ᵉ Exercice. *Comme le* 133ᵉ.

>   1. . . . Dessins tracés sur le corps.
>   2. . . . Assis sur les talons.
>   3. . . . Qui plie aisément.
>   4. . . . Caillou, pierre à fusil.

138ᵉ Exercice. *Comme le 132ᶜ Exercice.*

LA GAULE ANCIENNE (suite et fin).

Si l'étranger était seul et sans (*arme*), il n'avait rien à craindre : le chef de la famille se levait et lui tendait la main, la femme lui présentait une coupe* de (*bière*), la boisson favorite des (*Gaulois*), et quand il y avait trempé ses (*lèvre*), il était l'hôte* du (*foyer*), et sa vie était (*sacré*). Mais malheur à qui venait en (*ennemi*)! Le (*cri*) de guerre volait de (*colline*) en (*colline*), les signaux de feu s'allumaient sur les (*montagne*), les (*guerrier*) accouraient (*nu*), sans (*arme*) défensives, ils bondissaient* sur l'ennemi avec des (*hurlement*) de (*bête*) (*fauve*)*, et la bataille ne finissait que par la (*destruction*) d'une des deux (*armée*), car les Gaulois ne reculaient pas, et se vantaient de ne craindre qu'une chose, la (*chute*) du ciel.

139ᵉ Exercice. *Comme le* 133ᵉ.

>   1. . . . Celui qui reçoit l'hospitalité.
>   2. . . . Vase à boire.
>   3. . . . Action de sauter.
>   4. . . . Tous les animaux qui vivent à l'état sauvage : les cerfs, les chevreuils, les daims, etc...

§ VII. ADJECTIFS DONT LE FÉMININ SE FORME D'UNE MANIÈRE IRRÉGULIÈRE [1].

54. Le *féminin* des adjectifs terminés au masculin

1. *Note pour les maîtres.*—Les *Exceptions à la règle générale de formation du féminin dans les adjectifs* ne font pas partie du programme du Cours élémentaire des écoles de Paris. Nous avons toutefois jugé bon, vu le fréquent emploi d'un grand nombre d'adjectifs compris dans cette catégorie, d'indiquer, dans un chapitre complémentaire, leur féminin, et nous avons fait suivre cet exposé d'un certain nombre d'exercices.

par **el**, **eil**, **en**, **et**, **on**, se forme en doublant la consonne finale et ajoutant E.

	MASCULIN.	FÉMININ.
Ex. :	Crue*l*,	Crue**lle**,
	Pare*il*,	Pare*i***lle**,
	Ancie*n*,	Ancie**nne**,
	N*et*,	Ne**tte**,
	Bo*n*.	Bo**nne**.

55. *Autres adjectifs dont le féminin se forme en doublant la dernière consonne et ajoutant* **e** *muet.*

Masculin.	Féminin.	Masculin.	Féminin.
Gros	Gro**sse**.	Las	La**sse**.
Nu*l*	Nu**lle**.	Vieillo*t*	Vieillo**tte**.
Épais	Épai**sse**.	Be*l*	Be**lle**.
Genti*l*	Genti**lle**.	Nouve*l*	Nouve**lle**.
So*t*	So**tte**.	Fo*l*	Fo**lle**.
Gras	Gra**sse**.	Mo*l*	Mo**lle**.
Bas	Ba**sse**.	Viei*l*	Viei**lle**.

NOTA. — Les adjectifs ci-dessus de la colonne de gauche : **bel**, **nouvel**, **fol**, **mol**, **vieil**, s'emploient au lieu de **beau**, **nouveau**, **fou**, **mou**, **vieux**, devant les noms masculins commençant par une *voyelle* et un H *muet*.

Ainsi l'on dit : *un* BEL *enfant*, — *un* NOUVEL *appartement*, — *un* VIEIL *habit*, — *un* FOL *espoir*, — *un* MOL *édredon*.

56. *Adjectifs terminés par* **f.**

Ces adjectifs changent au féminin F en VE.

MASCULIN.	FÉMININ.
Neu*f*	Neu**ve**.
Bre*f*	Brè**ve**.
Naï*f*	Naï**ve**.

57. *Adjectifs terminés par* **x.**

Ces adjectifs changent au féminin X en SE.

MASCULIN.	FÉMININ.
Heureu*x*	Heureu**se**.
Jalou*x*	Jalou**se**.

Il faut excepter *doux, roux, faux, préfix*, qui font au féminin *douce, rousse, fausse, préfixe*.

58. *Les adjectifs en* **eur** *font le féminin en* **euse.**

MASCULIN.	FÉMININ.
Trompeur	Trompeuse.
Boudeur	Boudeuse.

Exceptions : *majeur, mineur* et *meilleur* suivent la règle générale, et font au féminin *majeure, mineure, meilleure*.

59. *Les adjectifs en* **teur** *font le féminin en* **trice.**

MASCULIN.	FÉMININ.
Protecteur	Protectrice.
Directeur	Directrice.

60. *Les adjectifs en* **érieur** *font le féminin en* **érieure.**

MASCULIN.	FÉMININ.
Supérieur	Supérieure.
Inférieur	Inférieure.

61. *Autres adjectifs ayant un féminin irrégulier.*

MASCULIN.	FÉMININ.	MASCULIN.	FÉMININ.
Public	Publique.	Frais	Fraîche.
Caduc	Caduque.	Long	Longue.
Turc	Turque.	Oblong	Oblongue.
Grec	Grecque.	Malin	Maligne.
Blanc	Blanche.	Bénin	Bénigne.
Franc	Franche.	Favori	Favorite.
Sec	Sèche.	Tiers	Tierce.

140e Exercice. *Copier les paragraphes 49 et 50 de la Grammaire.*

141ᵉ Exercice. *Écrire le féminin des adjectifs sui*

Maternel, formel, universel, cruel, épais, las, vieux, mou, beau, ancien, cruel, nul, gros, gentil, bouffon, sot, breton, fripon, mignon, huguenot, vieillot, continuel, bon, muet, païen, ancien, chrétien, immortel, éternel, solennel, pluriel, bas, douillet, vermeil.

142º Exercice. *Copier les paragraphes 51 et 52 de la Grammaire.*

143º Exercice. *Comme le 141ᵉ.*

Courageux, ombrageux, fugitif, négatif, neuf, improductif, silencieux, récréatif, nutritif, peureux, laborieux, dédaigneux, vigoureux, roux, faux, glorieux, lucratif, furieux, plaintif, ingénieux, bref, généreux, jaloux, doux, faux, processif, positif, valeureux, orgueilleux.

144º Exercice. *Copier les paragraphes 53, 54 et 55 de la grammaire.*

145º Exercice. *Comme le 141ᵉ.*

Trompeur, moqueur, menteur, extérieur, flatteur, postérieur, dormeur, accusateur, usurpateur, meilleur, conservateur, antérieur, vengeur, querelleur, consolateur, rêveur, trompeur, adulateur, protecteur, inférieur, majeur, moqueur, joueur, boudeur, créateur, supérieur, grondeur, conducteur, parleur, dénonciateur, farceur, directeur.

146º Exercice. *Copier le paragraphe 56 de la grammaire.*

147ᵉ Exercice. *Comme le 141ᵉ.*

Public, turc, grec, caduc, long, franc, blanc, sec, oblong, bénin, poli, favori, malin, frais, tiers.

148º Exercice. *Faire varier les adjectifs s'il y a lieu.*

Une réponse (*spirituel*).	Un (*glorieux*) combat.
Le (*vieil*) ami.	Un génie (*supérieur*).
Le (*doux*) accent.	Une personne (*sensé*).
Un cheveu (*roux*).	Une étoffe (*bleu*).
Une poire (*sec*).	Un enfant (*pieux*).
Une visite (*quotidien*).	Une personne (*discret*).
Une famille (*hospitalier*).	La victoire (*naval*).
Une chaloupe (*turc*).	Une sécheresse (*continuel*).

149. Exercice. *Comme le précédent.*

Le rideau (*blanc*).
La route (*départemental*).
Un regard (*expressif*).
Une dame (*fier*).
Une toilette (*original*).
Une expression (*naïf*).
Une date (*antérieur*).
Une composition (*correct*).

Une parole (*malin*).
Une douleur (*aigu*).
Une maîtresse (*furieux*).
Une cérémonie (*public*).
Une faute (*capital*).
Une fête (*solennel*).
Une réponse (*approbateur*).
La (*beau*) cour.

150° Exercice. *Faire accorder les adjectifs avec les noms auxquels ils se rapportent.*

Un mur et une maison (*contigu*).
Une terre et un champ (*improductif*).
Une histoire et une fable (*récréatif*).
Un récit et une lecture (*récréatif*).
Une ficelle et un cordon (*neuf*).
Une veste et une redingote (*neuf*).
Des boissons et des mets (*nutritif*).
Une poule et une colombe (*peureux*).
Une brebis et un lièvre (*peureux*).
Une abeille et une fourmi (*laborieux*).
Une attitude et un silence (*dédaigneux*).
La mère et sa fille (*dédaigneux*).
Une déposition et un rapport (*faux*).
La bière et le vin (*mousseux*).
Des pêches et des abricots (*vermeil*).
Un vaisseau et une frégate (*turc*).
Une oreille et une voix (*faux*).
Un sirop et une tisane (*pectoral*).
Une promenade et un établissement (*public*).
Une histoire et un conte (*moral*).

151° Exercice. *Faire varier s'il y a lieu les adjectifs écrits en italique.*

La terre est (*rond*). — Les Lapons sont (*hospitalier*). — Les Norwégiens sont (*robuste*), (*courageux*), (*patient*). — Le gibier est (*abondant*) en Danemark. — On remarque en Angleterre de (*vaste*) plaines, de (*beau*) prairies qui nourrissent de (*nombreux*) troupeaux, des sources d'eaux (*minéral*), de (*riche*) mines de houille, etc. — La température y est assez (*doux*), mais l'atmosphère est souvent (*brumeux*). — Les Anglais sont (*actif*), (*fier*), (*entreprenant*).

— Londres est la plus (*riche*), la plus (*commerçant*), et, après Pékin, la plus (*grand*) ville du globe.

152ᵉ Exercice. *Faire varier s'il y a lieu les adjectifs qualificatifs.*

La culture de la pomme de terre, dans les conditions les plus (*divers*) de sol et de climat, a donné naissance à un nombre (*prodigieux*) de sous-variétés, (*partagé*) en deux séries, dont l'une comprend les pommes de terre (*précoce*). une des plus (*hâtif*) est la Marjolin des environs de Paris:
Parmi les (*tardif*) ou pommes de terre d'automne, dont les tubercules ne peuvent être (*arraché*) qu'en septembre et en octobre, il y a beaucoup plus de choix ; les espèces (*rond*), (*long*), (*blanc*) ou (*jaune*), (*rouge*), (*violet*), sont pour ainsi dire innombrables.

153ᵉ Exercice. *Faire varier s'il y a lieu les adjectifs écrits en italique.*

Auprès des puissances (*étranger*), le gouvernement (*français*) est représenté par des ambassadeurs, par des ministres (*plénipotentiaire*) et par des envoyés; dans les pays (*étranger*) sont aussi établis des consuls (*chargé*) de veiller aux intérêts (*commercial*) et autres de nos nationaux; c'est du ministère des affaires (*étranger*) que ressortissent tous ces agents.

154ᵉ Exercice. *Copier et apprendre ce qui suit :*

Puissances . . .   États souverains.
Plénipotentiaire . Chargé de pleins pouvoirs.
Nationaux . . . . Compatriotes du représentant d'une puissance.
Ressortir. . . . . . Être sous la juridiction de. . .
Agent . . . . Celui qu'on charge de gérer une affaire.

155ᵉ Exercice. *Faire varier s'il y a lieu les noms et les adjectifs écrits en italique.*

Les (*cadavre*) des (*animal*) qu'on laisse (*exposé*) à la dent vorace des (*chien*) et au pillage des (*pie*) et des (*corbeau*) devraient être (*enfoui*) avec un mélange de terre et de (*chaux*) (*vif*), qui décompose rapidement les (*chair*). Au bout d'un (*mois*) ou deux, au lieu d'une (*hideux*) carcasse (*infect*) et inutile, on aurait une fosse (*plein*) d'un (*engrais*)

très-(*puissant*). On utilise ainsi les (*cheval*) (*abattu*) et les
(*animal*) de ferme (*mort*) de maladie.

156ᵉ Exercice. *Faire varier s'il y a lieu les noms et les adjectifs écrits entre parenthèses.*

LA ZONE TORRIDE.

Dans ces (*contrée*) (*favorisé*) du soleil, c'est d'un bout à
l'autre de l'année un été (*perpétuel**). Les (*arbre*) n'y per-
dent jamais la verdure comme les nôtres dans nos (*triste*)
(*hiver*) ; ils sont (*couvert*) en tout temps de (*fleur*) et de (*fruit*)
à la fois. C'est là que les (*forêt*) se peuplent de (*palmier*)
dont la tige s'élance d'un seul jet pour déployer au-dessus
des (*arbre*) les plus (*élevé*) un (*immense*) (*parasol*) de (*feuille*)
(*élégant*) ; c'est là que, à profusion éclosent ces (*fleur*) (*éclatant*), (*ornement*) de nos (*serre**), mais si (*frileux**) que tous
nos (*soin*) ne peuvent leur faire oublier ici le soleil de leur
(*tiède**) patrie.

157ᵉ Exercice. *Placer en regard de chacune des définitions
suivantes le terme convenable, choisi parmi ceux qui sont surmontés d'un astérisque dans l'Exercice précédent.*

1. . . . . . qui dure sans interruption.
2. . . . . . partie de la terre entre les deux tropiques, où
        la chaleur est extrême.
3. . . . . . qui est entre le chaud et le froid.
4. . . . . . lieu couvert où l'on renferme les arbres, les
        plantes, pour les préserver de la gelée.
5. . . . . . qui est très-sensible au froid.

158ᵉ Exercice. *Comme le 156ᵉ Exercice.*

LA ZONE TORRIDE (suite).

Plus (*somptueux**) encore que les (*fleur*) mêmes, les (*oiseau*) y rivalisent d'éclat avec les pierres (*fin*) et les (*métal*)
(*précieux*). Sur la gorge du colibri s'allume l'éclair du (*rubis**),
de l'émeraude*, de l'or (*poli*). Là vivent encore l'éléphant
et les autres (*colosse**) du règne animal, qui font trembler
le sol sous le (*poids*) de leurs (*massif*) (*charpente**), là rugis-
sent le tigre et la panthère (*altéré*) de sang ; là rampent de
(*monstrueux*) (*reptile*), (*couleuvre*) et (*lézard*), dont le (*corps*)
s'ouvre un sillon* parmi les (*haut*) (*herbe*) comme un
tronc d'arbre en mouvement.

159ᵉ Exercice. *Comme le 155ᵉ Exercice.*

1. . . Oiseau remarquable par sa beauté et sa petitesse.
2. . . Magnifique.
3. . . Trace que certaines choses laissent en passant.
4. . . Pierre précieuse d'une belle couleur verte.
5. . . Assemblage des os.
6. . . Pierre précieuse d'un rouge vif.
7. . . Homme, animal de haute taille.

160ᵉ Exercice. *Comme le 156ᵉ Exercice.*

LA ZONE TORRIDE (suite et fin).

Au milieu de cette (*puissant*) nature*, l'homme seul est misérable. (*Bronzé**), (*noirci*) par le soleil, (*dominé*) par un climat (*énervant**), il reste (*inhabile* aux (*travail*) du (*corps*) comme à ceux de la pensée; le (*pays*) du soleil n'est le pays ni de l'activité ni de l'intelligence.

161ᵉ Exercice. *Comme le 157ᵉ Exercice.*

1. . . Basané.
2. . . Productions du sol.
3. . . Qui affaiblit, qui amollit.
4. . . Soumis à la puissance de. . .
5. . . Qui manque d'habileté.

CHAPITRE IV

DU VERBE.

62. Le VERBE est un mot qui sert à exprimer que l'on *est* ou que l'on *fait* quelque chose.

Dans cet exemple : *Ma mère* EST *malade :*

Le mot EST **est le** VERBE.

Dans cet autre exemple : *Cet élève* ÉCRIT; *il* LIT, *il* COURT :

Les mots ÉCRIT, LIT, COURT qui expriment *ce que fait* l'élève sont également des VERBES.

63. On reconnaît qu'un mot est un VERBE quand on peut le faire précéder d'un des pronoms *je, tu, il, nous, vous, ils.* Ainsi *travailler* est un verbe, car on peut dire : *je travaille, tu travailles, il travaille,* etc...

DES MODIFICATIONS DU VERBE.

64. Il y a quatre choses à considérer dans les VERBES : le *nombre,* la *personne,* le *mode* et le *temps.*

DU NOMBRE.

65. Il y a *deux nombres* dans les verbes comme dans les noms :

Le SINGULIER, quand il s'agit d'une seule personne ou d'une seule chose : *Je marche, l'élève écrit;*

Le PLURIEL, quand il s'agit de plusieurs personnes ou de plusieurs choses : *Nous marchons; les élèves écrivent.*

DE LA PERSONNE.

66. Dans le discours, on peut parler de *soi-même,* comme : *Je lis, j'écris, je joue;*

Ou parler *à quelqu'un,* comme : *Tu lis, tu écris, tu joues;*

Ou parler *de quelqu'un,* comme : *Louis lit, il écrit, il joue.*

De là 3 PERSONNES ou *rôles.*

JE, NOUS, marquent la *première* personne, c'est-à-dire *celle qui parle.* Ex. : JE *chante,* NOUS *chantons.*

TU, VOUS, marquent la *seconde* personne, c'est-à-dire *celle à qui l'on parle.* Ex. : TU *chantes,* VOUS *chantez.*

IL, ELLE, ILS, ELLES et tous les *noms* marquent la troisième personne, c'est-à-dire *celle de qui l'on parle.*

Ex. : LÉON *marche*, IL *court*.
LÉON *et* JULES *marchent*, ILS *courent*.
CÉLINE *écrit*, ELLE *lit*.
CÉLINE et LUCIE *écrivent*, ELLES *lisent*.

DES MODES.

67. Il y a CINQ MODES : l'*indicatif*, le *conditionnel*, l'*impératif*, le *subjonctif* et l'*infinitif*.

DU TEMPS.

68. On appelle TEMPS les diverses formes que prend le verbe pour marquer à *quelle époque* se rapporte l'*action* ou l'*état* dont on parle.

69. Il y a *trois* temps principaux : le PRÉSENT, le PASSÉ et le FUTUR.

Le PRÉSENT marque que l'action a lieu actuellement. Ex. : *Je travaille* EN CE MOMENT.

Le PASSÉ marque que l'action a eu lieu. Ex. : *J'ai travaillé* HIER.

Le FUTUR marque que l'action aura lieu. Ex. : *Je travaillerai* DEMAIN.

70. On distingue cinq sortes de *passé* : l'*imparfait*, le *passé défini*, le *passé indéfini*, le *passé antérieur* et le *plus-que-parfait*.

71. Il y a deux *futurs* : le *futur simple* et le *futur antérieur*.

72. Les temps se divisent encore en *temps simples* et en *temps composés*.

Les *temps simples* sont ceux qui ne sont formés que d'un seul mot : *Je* LIS, *je* LISAIS, *j'*ÉCRIVIS.

Les temps composés sont ceux qui sont formés de deux mots : *J'*AVAIS LU, *j'*AI ÉCRIT.

DE LA CONJUGAISON.

73. *Conjuguer* un verbe, c'est le **réciter** ou l'écrire dans tous ses *modes*, ses *temps*, ses *nombres* et ses *personnes*.

74. Il y a *quatre conjugaisons*, que l'on distingue par la terminaison du *présent de l'infinitif*.

75. Les verbes de la *première conjugaison* ont l'infinitif terminé par ER, comme *chant*ER, *parl*ER.

Ceux de la *deuxième conjugaison* en IR, comme *fin*IR, *bén*IR.

Ceux de la *troisième conjugaison* en OIR, comme *re-cev*OIR, *pouv*OIR.

Ceux de la *quatrième* en RE, comme *rend*RE, *viv*RE.

DU SUJET.

76. Le SUJET d'un verbe est le mot représentant la personne ou la chose *qui fait l'action* ou *qui est dans l'état* exprimé par le verbe. Ex. :

Le MARÉCHAL *forge*.

Qui fait l'action de *forger?* Rép. *Le* MARÉCHAL.
Le mot MARÉCHAL est donc le sujet de *forge*.

Ma MÈRE *est souffrante*.

Qui *est souffrante?* Rép. *Ma* MÈRE.
Le mot MÈRE est donc sujet de *est*.

77. On trouve le SUJET d'un verbe en faisant avant le verbe la question *qui est-ce qui?*

Ex. : *Cet* ENFANT *étudie*.

(Qui est-ce qui) *étudie?* Rép. *Cet* ENFANT.
Le mot ENFANT est sujet de *étudie*.

NOUS *écrivons*.

(Qui est-ce qui) *écrit?* Rép. NOUS.
Le pronom NOUS est sujet de *écrivons*.

Remarques. Les pronoms JE, TU sont toujours *sujets*, et alors :

JE est employé pour *moi*.

TU est employé pour *toi*.

Ex. : JE *lis*. Qui est-ce qui *lit?* Rép. MOI, représenté par JE.

TU *joues*. Qui est-ce qui *joue?* Rép. TOI, représenté par TU.

Les pronoms de la 3ᵉ personne IL, ELLE, au plur. ILS, ELLES et le mot ON s'emploient toujours aussi comme *sujets*.

Nota. — Dans les exercices de conjugaison qui vont suivre, les pronoms seront les *sujets* du verbe conjugué. Ex. :

Sing. 1ʳᵉ *pers.* JE *ou* J';   *Plur.* 1ʳᵉ *pers.* NOUS;
— 2ᵉ *pers.* TU;   — 2ᵉ *pers.* VOUS;
— 3ᵉ *pers.* IL OU ELLES; — 3ᵉ *pers.* ILS OU ELLES;

ACCORD DU VERBE AVEC SON SUJET.

78. Le verbe s'accorde avec son *sujet* en *nombre* et en *personne*.

Si le sujet est au *singulier*, le verbe se met au *singulier;* — si le sujet est au *pluriel*, le verbe se met au *pluriel;* — si le sujet est de la *première personne*, le verbe se met à la première personne, etc.

79. Quand un verbe a plusieurs *sujets* au singulier, il se met au *pluriel*.

Le CIEL et la TERRE ANNONCENT la gloire de Dieu.

80. Les verbes *avoir* et *être* sont appelés VERBES AUXILIAIRES, parce qu'ils *aident* à conjuguer les autres verbes.

VERBE AUXILIAIRE **AVOIR.**

MODE INDICATIF.

Présent.

J'   ai
tu   as
il *ou* elle a
nous   avons
vous   avez
ils *ou* elles ont.

Imparfait.

J'   avais
tu   avais
il *ou* elle avait
nous   avions
vous   aviez
ils *ou* elles avaient.

Passé défini.

J'   eus
tu   eus
il *ou* elle eut
nous   eûmes
vous   eûtes
ils *ou* elles eurent.

Passé indéfini.

J'ai   eu
tu as   eu
il *ou* elle a eu
nous avons   eu
vous avez   eu
ils *ou* elles ont eu.

Passé antérieur.

J'eus   eu
tu eus   eu
il *ou* elle eut eu
nous eûmes   eu
vous eûtes   eu
ils *ou* elles eurent eu.

Plus-que-parfait.

J'avais   eu
tu avais   eu
il *ou* elle avait eu
nous avions   eu
vous aviez   eu
ils *ou* elles avaient eu.

Futur.

J'   aurai
tu   auras
il *ou* elle aura
nous   aurons
vous   aurez
ils *ou* elles auront.

Futur antérieur.

J'aurai   eu
tu auras   eu
il *ou* elle aura eu
nous aurons   eu
vous aurez   eu
ils *ou* elles auront eu.

MODE CONDITIONNEL.

Présent.

J'   aurais
tu   aurais
il *ou* elle aurait
nous   aurions
vous   auriez
ils *ou* elles auraient.

Passé (1ère forme).

J'aurais   eu
tu aurais   eu
il *ou* elle aurait eu
nous aurions   eu
vous auriez   eu
ils *ou* elles auraient eu.

Passé (2e forme).

J'eusse   eu
tu eusses   eu
il *ou* elle eût eu
nous eussions   eu
vous eussiez   eu
ils *ou* elles eussent eu.

MODE IMPÉRATIF.

Présent ou Futur.

Aie
Ayons
Ayez.

MODE SUBJONCTIF.

Présent ou Futur.

Que j'   aie
que tu   ais
qu'il   ait
que nous   ayons
que vous   ayez
qu'ils   aient.

Imparfait.

Que j'   eusse
que tu   eusses
qu'il   eût
que nous   eussions
que vous   eussiez
qu'ils   eussent.

Passé.

Que j'aie   eu
que tu aies   eu
qu'il ait   eu
que nous ayons eu
que vous ayez   eu
qu'ils aient   eu.

Plus-que-parfait.

Que j'eusse   eu
que tu eusses   eu
qu'il eût   eu
que nous eussions eu
que vous eussiez eu
qu'ils eussent eu.

MODE INFINITIF.

Présent.

Avoir.

Passé.

Avoir   eu.

Participe présent.

Ayant.

Participe passé.

Eu, eue, ayant eu.

VERBE AUXILIAIRE ÊTRE.

MODE INDICATIF.

Présent.

Je suis
tu es
il est
nous sommes
vous êtes
ils sont.

Imparfait.

J' étais
tu étais
il était
nous étions
vous étiez
ils étaient.

Passé défini.

Je fus
tu fus
il fut
nous fûmes
vous fûtes
ils furent.

Passé indéfini.

J'ai été
tu as été
il a été
nous avons été
vous avez été
ils ont été.

Passé antérieur.

J'eus été
tu eus été
il eut été
nous eûmes été
vous eûtes été
ils eurent été.

Plus-que-parfait.

J'avais été
tu avais été
il avait été
nous avions été
vous aviez été
ils avaient été.

Futur.

Je serai
tu seras
il sera
nous serons
vous serez
ils seront.

Futur antérieur.

J'aurai été
tu auras été
il aura été
nous aurons été
vous aurez été
ils auront été.

MODE CONDITIONNEL.

Présent.

Je serais
tu serais
il serait
nous serions
vous seriez
ils seraient.

Passé (1ère forme).

J'aurais été
tu aurais été
il aurait été
nous aurions été
vous aurions été
ils auraient été.

Passé (2e forme).

J'eusse été
tu eusses été
il eût été
nous eussions été
vous eussiez été
ils eussent été.

MODE IMPÉRATIF.

Présent ou Futur.

Sois
soyons
soyez.

MODE SUBJONCTIF.

Présent ou Futur.

Que je sois
que tu sois
qu'il soit
que nous soyons
que vous soyez
qu'ils soient.

Imparfait.

Que je fusse
que tu fusses
qu'il fût
que nous fussions
que vous fussiez
qu'ils fussent.

Passé.

Que j'aie été
que tu aies été
qu'il ait été
que nous ayons été
que vous ayez été
qu'ils aient été.

Plus-que-parfait.

Que j'eusse été
que tu eusses été
qu'il eût été
que nous eussions été
que vous eussiez été
qu'ils eussent été.

MODE INFINITIF.

Présent.

Être.

Passé.

Avoir été.

Participe présent.

Étant.

Participe passé.

Été, ayant été.

DE L'ATTRIBUT.

81. L'ATTRIBUT marque la *manière d'être* du sujet. Il suit généralement les verbes *être, devenir, paraître, sembler*.

82. L'*attribut* s'accorde en genre et en nombre avec le sujet.

Ex. : *Le puits est* PROFOND.
La rivière est PROFONDE.
Ce conte est INTÉRESSANT.
Ces contes sont INTÉRESSANTS.
Cette histoire est INTÉRESSANTE.
Ces histoires sont INTÉRESSANTES.

83. Quand l'*attribut* se rapporte à plusieurs *sujets*, il se met au pluriel et prend le genre des sujets.

Ex. : *Mon père et mon frère sont* PARTIS.
La miséricorde et la bonté de Dieu sont INFINIES.

84. Quand un des *sujets* est *masculin* et l'autre *féminin*, l'adjectif se met toujours au *pluriel masculin*.

Ex. : *La rose et l'œillet sont* ODORIFÉRANTS.
La mare et le fossé sont PROFONDS.

PREMIÈRE CONJUGAISON EN ER.

CHANT ER.

MODE INDICATIF.

Présent.	*Passé défini.*	*Passé antérieur.*
Je chant *e*	Je chant *ai*	J'eus chant *é*
tu chant *es*	tu chant *as*	tu eus chant *é*
il chant *e*	il chant *a*	il eut chant *é*
nous chant *ons*	nous chant *âmes*	nous eûmes chant *é*
vous chant *ez*	vous chant *âtes*	vous eûtes chant *é*
ils chant *ent.*	ils chant *èrent.*	ils eurent chant *é.*

Imparfait.	*Passé indéfini.*	*Plus-que-parfait.*
Je chant *ais*	J'ai chant *é*	J'avais chant *é*
tu chant *ais*	tu as chant *é*	tu avais chant *é*
il chant *ait*	il a chant *é*	il avait chant *é*
nous chant *ions*	nous avons chant *é*	nous avions chant *é*
vous chant *iez*	vous avez chant *é*	vous aviez chant *é*
ils chant *aient.*	ils ont chant *é.*	ils avaient chant *é.*

	Futur.	*Passé* (2e *forme*).	*Passé.*

Je chant *erai*	J'eusse chant *é*	Que j'aie chant *é*
tu chant *eras*	tu eusses chant *é*	que tu aies chant *é*
il chant *era*	il eût chant *é*	qu'il ait chant *é*
nous chant *erons*	nous eussions chant *é*	que n. ayons chant *é*
vous chant *erez*	vous eussiez chant *é*	que v. ayez chant *é*
ils chant *eront.*	ils eussent chant *é.*	qu'ils aient chant *é.*

Futur antérieur. — MODE IMPÉRATIF. — **Plus-que-parfait.**

J'aurai chant *é*		Que j'eusse chant *é*
tu auras chant *é*	**Présent ou Futur.**	que tu eusses chant *é*
il aura chant *é*		qu'il eût chant *é*
nous aurons chant *é*	Chant *e*	que n. eussions chant *é*
vous aurez chant *é*	chant *ons*	que v. eussiez chant *é*
ils auront chant *é.*	chant *ez.*	qu'ils eussent chant *é.*

MODE CONDITIONNEL.   MODE SUBJONCTIF.   MODE INFINITIF.

Présent.   **Présent ou Futur.**   *Présent.*

Je chant *erais*	Que je chant *e*	Chant *er.*
tu chant *erais*	que tu chant *es*	
il chant *erait*	qu'il chant *e*	*Passé.*
nous chant *erions*	que nous chant *ions*	
vous chant *eriez*	que vous chant *iez*	Avoir chant *é.*
ils chant *eraient.*	qu'ils chant *ent.*	

Passé (1re *forme*).   *Imparfait.*   *Participe présent.*

J'aurais chant *é*	Que je chant *asse*	Chant *ant.*
tu aurais chant *é*	que tu chant *asses*	
il aurait chant *é*	qu'il chant *ât*	*Participe passé.*
nous aurions chant *é*	que nous chant *assions*	
vous auriez chant *é*	que vous chant *assiez*	Chant *é,* chant *ée,*
ils auraient chant *é.*	qu'ils chant *assent.*	ayant chant *é.*

DU RADICAL ET DE LA TERMINAISON.

85. On distingue dans un verbe deux parties : le *radical* et la *terminaison.*

86. Le *radical* est la partie du verbe qui ne change pas.

87. La *terminaison* est la partie du verbe qui change suivant le mode, le temps, le nombre et la personne.

88. Pour trouver le radical d'un verbe, il faut retrancher la partie qui marque à quelle conjugaison il appartient. Ainsi le radical de *chant*ER est *chant*, celui de *fin*IR est *fin*.

Tableau des terminaisons des verbes de la première conjugaison.

TEMPS SIMPLES.

	Indic. pr.	Imparf.	Passé déf.	Futur.	Cond. pr.	Impér.	Subj. pr.	Subj. imp.
1ère pers. sing.	e	ais	ai	erai	erais	»	e	asse
2e —	es	ais	as	eras	erais	e	es	asses
3e —	e	ait	a	era	erait	»	e	ât
1ère pers. plur.	ons	ions	âmes	erons	erions	ons	ions	assions
2e —	ez	iez	âtes	erez	eriez	ez	iez	assiez
3e —	ent	ient	èrent	eront	eraient	»	ent	assent.

TEMPS COMPOSÉS.

Terminaison é.

REMARQUES GÉNÉRALES SUR L'ORTHOGRAPHE DES VERBES.

89. La *deuxième personne* du singulier de la première conjugaison est toujours terminée par une s. Ex. : *Tu chantes*; tu *chantas, tu chanteras;* excepté cependant à l'*impératif*, où la deuxième personne du singulier s'écrit comme la première de l'*indicatif présent*.

Ex. : *Chant*E ; *aim*E.

90. Il peut arriver que l'on soit embarrassé, principalement lorsqu'on écrit sous la dictée, pour distinguer la 1ère personne du singulier de l'*imparfait de l'indicatif* des verbes de la première conjugaison : (*j'aim*AIS, je *donn*AIS) de la même personne du *passé défini* : (*j'aim*AI, *je donn*AI.)

Pour savoir lequel des deux temps on doit employer, il suffit de mettre la phrase au pluriel : la terminaison plurielle qui est distincte l'indiquera suffisamment. Ainsi, l'on écrira à l'imparfait avec un s :

*J'étudi*AIS *quand vous êtes entré*, parce qu'au pluriel on dirait :

Nous *étudi*IONS *quand vous êtes entré.*

Mais on dirait sans s en employant le *passé défini* :

*J'étudi*AI *hier cette leçon*, parce qu'au pluriel on dirait :

*Nous étudi*AMES *hier cette leçon.*

91. Lorsqu'il s'agira d'un verbe terminé par le son A, on reconnaîtra facilement par le même moyen, c'est-à-dire en mettant la phrase au pluriel, s'il faut employer la terminaison A du *passé défini* (3e pers. du sing.) ou la terminaison AT de l'*imparfait du subjonctif.*

Ainsi on écrira au *passé défini* avec un A simple :

*Cet enfant récit*A *ses leçons.*

Parce qu'au pluriel on dirait :

*Ces enfants récit*ÈRENT *leurs leçons.*

Mais on écrirait à l'*imparfait du subjonctif* :
*Il faudrait que cet enfant récit*AT *sa leçon.*

Parce qu'au pluriel, on dirait :

*Il faudrait que ces enfants récit*ASSENT *leurs leçons.*

92. Lorsque deux verbes se suivent, le second se met généralement au *présent de l'infinitif.* Ex. :

Nous devons TRAVAILLER *à devenir de plus en plus vertueux.*

Il faut PAYER *ses dettes.*

REMARQUES PARTICULIÈRES A LA PREMIÈRE CONJUGAISON.

93. Les verbes terminés par *cer* prennent une cédille sous le c (ç) devant les lettres A et o. Ex. :

Il annonça; nous traçons.

94. Les verbes en *ger* prennent un E après le *g* devant les lettres A et O. Ex. :

*Il mang*E*a; nous partag*E*ons.*

95. Les verbes en ELER et en ETER, comme *app*EL*ER,* J*E-*TER, prennent deux L ou deux T devant un *e* muet. Ex. :

*J'appe*LL*e; tu je*TT*es; il cache*TT*era.*

Il faut en excepter *acheter, geler, peler* et quelques autres, qui font :

*J'ach*È*te; il g*È*le; je p*È*le, je p*È*lerai.*

96. Les verbes qui ont un E *muet* ou un É *fermé* à l'avant-dernière syllabe, comme SE*mer,* espé*rer,* changent cet E *muet* ou cet É *fermé* en È *ouvert* devant une syllabe muette. Ex. :

*Je s*È*me, tu esp*È*res, il s*È*mera.*

97. Les verbes dont le radical est terminé par un I, comme *prier, crier,* ont naturellement deux *i* de suite aux deux premières personnes du pluriel de *l'imparfait de l'indicatif* et du *présent du subjonctif.* Ex. :

*Nous pr*II*ons, vous pr*II*ez; il faut que vous pr*II*ez.*

98. Les verbes en YER, comme *netto*YER, *pa*YER, changent l'Y en I devant un *e* muet : Ex. :

*Je pa*I*e, Je netto*I*e, tu netto*I*eras.*

99. Ces mêmes verbes prennent un Y et un I aux deux premières personnes du pluriel de *l'imparfait de l'indicatif* et du *présent du subjonctif.* Ex :

*Je paya*I*s, nous pa*YI*ons; il faut que tu netto*I*es, que vous netto*YI*ez.*

100. Les verbes en ÉGER conservent toujours l'accent aigu. Ex. :

*J'abr*É*ge, tu prot*É*ges.*

NOTA. Tous les mots en ÉGE s'écrivent également avec un accent aigu : *collége, solfége, manége,* etc.

DEUXIEME CONJUGAISON EN IR.

FIN IR.

MODE INDICATIF.

Présent.

Je fin *is*
tu fin *is*
il fin *it*
nous fin *issons*
vous fin *issez*
ils fin *issent.*

Imparfait.

Je fin *issais*
tu fin *issais*
il fin *issait*
nous fin *issions*
vous fin *issiez*
ils fin *issaient.*

Passé défini.

Je fin *is*
tu fin *is*
il fin *it*
nous fin *îmes*
vous fin *îtes*
ils fin *irent.*

Passé indéfini.

J'ai fin *i*
tu as fin *i*
il a fin *i*
nous avons fin *i*
vous avez fin *i*
ils ont fin *i.*

Passé antérieur.

J'eus fin *i*
tu eus fin *i*
il eut fin *i*
nous eûmes fin *i*
vous eûtes fin *i*
ils eurent fin *i.*

Plus-que-parfait.

J'avais fin *i*
tu avais fin *i*
il avait fin *i*
nous avions fin *i*
vous aviez fin *i*
ils avaient fin *i.*

Futur.

Je fin *irai*
tu fin *iras*
il fin *ira*
nous fin *irons*
vous fin *irez*
ils fin *iront.*

Futur antérieur.

J'aurai fin *i*
tu auras fin *i*
il aura fin *i*
nous aurons fin *i*
vous aurez fin *i*
ils auront fin *i.*

MODE CONDITIONNEL.

Présent.

Je fin *irais*
tu fin *irais*
il fin *irait*
nous fin *irions*
vous fin *iriez*
ils fin *iraient.*

Passé (1ère forme).

J'aurais fin *i*
tu aurais fin *i*
il aurait fin *i*
n. aurions fin *i*
v. auriez fin *i*
ils auraient fin *i.*

Passé (2e forme).

J'eusse fin *i*
tu eusses fin *i*
il eût fin *i*
n. eussions fin *i*
v. eussiez fin *i*
ils eussent fin *i.*

MODE IMPÉRATIF.

Présent ou Futur.

Fin *is*
fin *issons*
fin *issez.*

MODE SUBJONCTIF.

Présent ou Futur.

Que je fin *isse*
que tu fin *isses*
qu'il fin *isse*
que nous fin *issions*
que vous fin *issiez*
qu'ils fin *issent.*

Imparfait.

Que je fin *isse*
que tu fin *isses*
qu'il fin *it*
que nous fin *issions*
que vous fin *issiez*
qu'ils fin *issent.*

Passé.

Que j'aie fin *i*
que tu aies fin *i*
qu'il ait fin *i*
que n. ayons fin *i*
que v. ayez fin *i*
qu'ils aient fin *i.*

Plus-que-parfait.

Que j'eusse fin *i*
que tu eusses fin *i*
qu'il eût fin *i*
que n. eussions fin *i*
que v. eussiez fin *i*
qu'ils eussent fin *i.*

MODE INFINITIF.

Présent.

Fin *ir.*

Passé.

Avoir fin *i.*

Participe présent.

Fin *issant.*

Participe passé.

Fin *i,* fin *ie,* —
ayant fin *i.*

TROISIÈME CONJUGAISON EN OIR.

RECEV **OIR**.

MODE INDICATIF.

Présent.

Je   reç *ois*
tu   reç *ois*
il   reç *oit*
nous rec *evons*
vous rec *evez*
ils   reçoivent.

Imparfait.

Je   rec *evais*
tu   rec *evais*
il   rec *evait*
nous rec *evions*
vous rec *eviez*
ils   rec *evaient.*

Passé défini.

Je   reç *us*
tu   reç *us*
il   reç *ut*
nous reç *ûmes*
vous reç *ûtes*
ils   reç *urent.*

Passé indéfini.

J'ai   reç *u*
tu as   reç *u*
il a   reç *u*
nous avons reç *u*
vous avez reç *u*
ils ont   reç *u.*

Passé antérieur.

J'eus   reç *u*
tu eus   reç *u*
il eut   reç *u*
nous eûmes reç *u*
vous eûtes reç *u*
ils eurent reç *u.*

Plus-que-parfait.

J'avais   reç *u*
tu avais   reç *u*
il avait   reç *u*
nous avions reç *u*
vous aviez reç *u*
ils avaient reç *u.*

Futur.

Je   recev *rai*
tu   recev *ras*
il   recev *ra*
nous recev *rons*
vous recev *rez*
ils   recev *ront.*

Futur antérieur.

J'aurai   reç *u*
tu auras   reç *u*
il aura   reç *u*
nous aurons reç *u*
vous aurez reç *u*
ils auront reç *u.*

MODE CONDITIONNEL.

Présent.

Je   recev *rais*
tu   recev *rais*
il   recev *rait*
nous recev *rions*
vous recev *riez*
ils   recev *raient.*

Passé (1ère forme).

J'aurais   reç *u*
tu aurais   reç *u*
il aurait   reç *u*
n. aurions   reç *u*
v. auriez   reç *u*
ils auraient reç *u.*

Passé (2e forme).

J'eusse   reç *u*
tu eusses   reç *u*
tu eusses   reç *u*
il cût   reç *u*
n. eussions reç *u*
v. eussiez   reç *u*
ils eussent reç *u.*

MODE IMPÉRATIF.

Présent ou Futur.

Reç *ois*
rec *evons*
rec *evez.*

MODE SUBJONCTIF.

Présent ou Futur.

Que je   reç *oive*
que tu   reç *oives*
qu'il   reç *oive*
que nous recev *ions*
que vous recev *iez*
qu'ils   reç *oivent.*

Imparfait.

Que je   reç *usse*
que tu   reç *usses*
qu'il   reç *ût*
que nous reç *ussions*
que vous reç *ussiez*
qu'ils   reç *ussent.*

Passé.

Que j'aie   reç *u*
que tu aies   reç *u*
qu'il ait   reç *u*
que n. ayons reç *u*
que v. ayez   reç *u*
qu'ils aient   reç *u.*

Plus-que-parfait.

Que j'eusse   reç *u*
que tu eusses   reç *u*
qu'il eût   reç *u*
que n. eussions reç *u*
que v. eussiez reç *u*
qu'ils eussent reç *u.*

MODE INFINITIF.

Présent.

Recev *oir.*

Passé.

Avoir reç *u.*

Participe présent.

Recev *ant.*

Participe passé.

Reç *u*, reç *ue,*
ayant reç *u.*

QUATRIÈME CONJUGAISON EN RE.

REND RE.

MODE INDICATIF.

Présent.

Je rend *s*
tu rend *s*
il rend
nous rend *ons*
vous rend *ez*
ils rend *ent.*

Imparfait.

Je rend *ais*
tu rend *ais*
il rend *ait*
nous rend *ions*
vous rend *iez*
ils rend *aient.*

Passé défini.

Je rend *is*
tu rend *is*
il rend *it*
nous rend *îmes*
vous rend *îtes*
ils rend *irent.*

Passé indéfini.

J'ai rend *u*
tu as rend *u*
il a rend *u*
nous avons rend *u*
vous avez rend *u*
ils ont rend *u.*

Passé antérieur.

J'eus rend *u*
tu eus rend *u*
il eut rend *u*
nous eûmes rend *u*
vous eûtes rend *u*
ils eurent rend *u.*

Plus-que-parfait.

J'avais rend *u*
tu avais rend *u*
il avait rend *u*
nous avions rend *u*
vous aviez rend *u*
ils avaient rend *u.*

Futur.

Je rend *rai*
tu rend *ras*
il rend *ra*
nous rend *rons*
vous rend *rez*
ils rend *ront.*

Futur antérieur.

J'aurai rend *u*
tu auras rend *u*
il aura rend *u*
nous aurons rend *u*
vous aurez rend *u*
ils auront rend *u.*

MODE CONDITIONNEL.

Présent.

Je rend *rais*
tu rend *rais*
il rend *rait*
nous rend *rions*
vous rend *riez*
ils rend *raient.*

Passé (1ère forme).

J'aurais rend *u*
tu aurais rend *u*
il aurait rend *u*
nous aurions rend *u*
vous auriez rend *u*
ils auraient rend *u.*

Passé (2e forme).

J'eusse rend *u*
tu eusses rend *u*
il eût rend *u*
n. eussions rend *u*
v. eussiez rend *u*
ils eussent rend *u.*

MODE SUBJONCTIF.

Présent ou futur.

Rend *s*
Rend *ons*
Rend *ez.*

MODE SUBJONCTIF.

Présent ou futur.

Que je rend *e*
que tu rend *es*
qu'il rend *e*
que nous rend *ions*
que vous rend *iez*
qu'ils rend *ent.*

Imparfait.

Que je rend *isse*
que tu rend *isses*
qu'il rend *it*
que nous rend *issions*
que vous rend *issiez*
qu'ils rend *issent.*

Passé.

Que j'aie rend *u*
que tu aies rend *u*
qu'il ait rend *u*
que n. ayons rend *u*
que v. ayez rend *u*
qu'ils aient rend *u.*

Plus-que-parfait.

Que j'eusse rend *u*
que tu eusses rend *u*
qu'il eût rend *u*
que n. eussions rend *u*
que v. eussiez rend *u*
qu'ils eussent rend *u.*

MODE INFINITIF.

Présent.

Rend *re.*

Passé.

Avoir rend *u.*

Participe présent.

Rend *ant.*

Participe passé.

Rend *u*, rend *ue*,
ayant rend *u.*

REMARQUES SUR LA QUATRIÈME CONJUGAISON.

101. Les verbes en *indre* comme *pla*INDRE, *atte*INDRE, *jo*INDRE, ne conservent le D qu'au *futur* et au *conditionnel présent*. Dans les autres temps, on supprime cette lettre.

A la 3e personne du singulier du présent de l'indicatif, ces verbes se terminent par un T et ils prennent un G après l'*i* aux trois personnes du pluriel de l'indicatif présent et dans plusieurs autres temps. Ex. :

Nous *pla*IGNONS, ils *atte*IGNENT, vous *jo*IGNIEZ, tu *crai*GNAIS.

NOTA. — On doit avoir soin de ne jamais mettre d'N avant le G.

(MODÈLE) PLAIN**DRE**.

MODE INDICATIF.

Présent.

Je plain *s*
tu plain *s*
il plain *t*
nous plai*g*n *ons*
vous plai*g*n *ez*
ils plai*g*n *ent.*

Imparfait.

Je plai*g*n *ais*
tu plai*g*n *ais*
il plai*g*n *ait*
nous plai*g*n *ions*
vous plai*g*n *iez*
ils plai*g*n *aient.*

Passé défini.

Je plai*g*n *is*
tu plai*g*n *is*
il plai*g*n *it*
nous plai*g*n *îmes*
vous plai*g*n *îtes*
ils plai*g*n *irent.*

Passé indéfini.

J'ai plain *t.*

Passé intérieur.

J'eus plain *t.*

Plus-que-parfait.

J'avais plain *t.*

Futur.

Je plaind *rai.*

Futur antérieur.

J'aurai plain *t.*

MODE CONDITIONNEL.

Présent.

Je plaind *rais.*

Passé (1re forme).

J'aurais plain *t.*

Passé (2e forme).

J'eusse plain *t.*

Impératif.

Plain *s*
Plai*g*n *ons*
Plai*g*n *ez.*

MODE SUBJONCTIF.

Présent.

Que je plai*g*n *e*
que tu plai*g*n *es*
qu'il plai*g*n *e*
que nous plai*g*n *ions*
que vous plai*g*n *iez*
qu'ils plai*g*n *ent.*

Imparfait.

Que je plai*g*n *isse*
que tu plai*g*n *isses*
qu'il plai*g*n *it*
que nous plai*g*n *issions*
que vous plai*g*n *issiez*
qu'ils plai*g*n *issent.*

Passé.

Que j'aie plain *t.*

Plus-que-parfait.

Que j'eusse plain *t.*

MODE INFINITIF.

Présent.

Plaind *re.*

Passé.

Avoir plain *t.*

Participe présent.

Plai*g*n *ant.*

Participe passé.

Avoir plain *t.*

Remarque. Il faut bien se garder de confondre la terminaison IT du *Passé défini* (2º et 4º conjug.) et la terminaison UT　　　—　　　(3º conjug.) avec les terminaisons *it, ût* de l'*Imparfait du subjonctif*.

En mettant la phrase au pluriel comme cela a déjà été indiqué pour les verbes de la 1ʳᵉ conjugaison, § 85, on distingue facilement lequel de ces deux temps il convient d'employer.

162ᵉ Exercice. *Les mots suivants sont ou des* noms *ou des* verbes; *copiez-les et distinguez-les par leurs abréviations :* Nom (**n**)*; verbe* (**v**).

Cultivateur, semer, arbre, jardin, punir, travailler, maison, élève, scier, savoir, feuillage, couper, apprendre, brique, étudier, lire, édifice, classe, études, bâtir, mouvoir, répondre, registre, crayon, compas, courir, tomber, teindre, règle, chapeau, bonnet, couvrir, remuer, pupitre, tablier, coudre, devoir.

163ᵉ Exercice. *Les mots suivants sont ou des* noms *ou des* adjectifs *ou des* verbes; *copiez-les et distinguez-les par leurs abréviations.*

Nom (**n**); *adjectif* (**adj**.); *verbe* (**v**).

Joli, oiseau, voler, nager, blanc, venir, remarquable, mensonge, gracieux, dictionnaire, battre, rire, sensible, musique, dormir, noir, bon, brave, plaindre, attrister, rouge, tendresse, âme, consoler, gai, voyager, conduire, application, patrie, long, route, mot, choisir, faire, boîte, commode, sale, cueillir, excellent, fruit, tête, adoucir.

164ᵉ Exercice. *Comme les précédents; il aura des pronoms* (**pron**.) *en plus.*

Tu frappes, — jeune élève, — porte solide, — il reviendra, — nous sortons, — tu causes, — arbre vert, — appartement malsain, — il nous répondra, — enfant maussade, — fertile vallée, — tu nous écriras, — excellents parents, — je chéris, — chère patrie, — je porte assistance, — vous nous faites peine, — vous obéissez, — mort subite, — brave soldat, — vin délicieux, — il mène.

165ᵉ Exercice. *Copier l'exercice suivant et souligner les verbes.*

OBLIGATIONS DES ENFANTS ENVERS LEURS PARENTS.

Les enfants doivent honorer et respecter leurs parents, les aimer. les consulter, leur obéir en tout ce qui n'est pas contraire aux commandements de Dieu, les assister dans leurs besoins, supporter leurs défauts et les tenir secrets, prier pour eux, imiter leurs vertus.

166ᵉ Exercice. *Comme le précédent.*

LES DEUX RENARDS.

Deux renards entrèrent la nuit par surprise dans un poulailler ; ils étranglèrent le coq, les poules et les poulets ; après ce carnage, ils apaisèrent leur faim. L'un, qui était jeune et ardent, voulait tout dévorer ; l'autre, qui était vieux et avare, voulait garder quelque provision pour l'avenir. Le vieux disait : Mon enfant, l'expérience m'a rendu sage ; j'ai vu bien des choses depuis que je suis au monde. Ne mangeons pas tout notre bien en un seul jour. Nous avons fait fortune ; c'est un trésor que nous avons trouvé, il faut le ménager.

167ᵉ Exercice. *Comme le précédent.*

LES DEUX RENARDS (suite).

Le jeune répondait : Je veux tout manger pendant que j'y suis, et me rassasier pour huit jours ; car pour ce qui est de revenir ici, chanson! il n'y fera pas bon demain ; le maître, pour venger la mort de ses poules, nous assommerait. Après cette conversation, chacun prend son parti. Le jeune mange tant, qu'il se crève, et peut à peine aller mourir dans son terrier. Le vieux, qui se croit bien plus sage de modérer ses appétits et de vivre d'économie, veut le lendemain retourner à sa proie, et est assommé par le maître.

(FÉNELON).

168ᵉ Exercice. *Souligner les verbes et indiquer par les lettres (s) ou (p) si ces verbes sont au singulier ou au pluriel.*

1. Nous pardonnons. — 2. Ils reçoivent. — 3. Elle balaie. — 4. Tu manges. — 5. Vous hériterez. — 6. Tu écouteras. — 7. Nous réfléchirons. — 8. Vous avez eu tort. — 9. Nous gémissions. — 10. Tu mens. — 11. Vous partirez. — 12. Ils sortiront. — 13. Elles ont pétri. — 14. Il répond. — 15. Nous entendions. — 16. Je défends. — 17. Tu cours. — 18. J'attends. — 19. Tu crains. — 20. Ils écrivent.

— 21. Elle lit. — 22. Vous causez. — 23. Ils craignent. — 24. Je descendrai. — 25. Tu écris.

169ᵉ Exercice. *Comme le précédent.*

1. Tu étudies. 2. Vous perdez votre temps, mes amis. — 3. Charles travaille, il est studieux, il fera des progrès. — 4. Louis et Jules sont indisciplinés; ils causent en classe, ils dissipent leurs voisins. — 5. Nous serons toujours prévenants pour nos parents. — 6. Tu écrirais mieux si tu le voulais. — 7. Les hirondelles partent en automne et elles reviennent au printemps. — 8. Nous tiendrons toujours nos promesses. — 9. Cet aimable enfant ne ment jamais. — 10. Le lâche fuit devant le danger : il préfère la honte à la mort.

170ᵉ Exercice. *Comme le précédent.*

1. Les maîtres exigent avec raison que les élèves sachent leurs leçons. — 2. J'ai dit à ces enfants : Vous ne sortirez que lorsque vous aurez achevé votre tâche. — 3. Le courage et la persévérance viennent à bout de tout. — 4. Tu recueilleras les malheureux sans asile. — 5. Vous ne répondez pas poliment. — 6. Tu as perdu un temps précieux. — 7. Enfants, instruisez-vous, tandis que vous le pouvez. — 8. Je vous prêterai des livres intéressants. — 9. Vous étudieriez mieux si vous saviez apprécier les nombreux fruits de l'étude. — 10. Nous ne reculerons pas.

171ᵉ Exercice. INVENTION. *Remplacer les points par les verbes convenables choisis dans la liste donnée.*

1. Dieu..... la vertu et..... le vice.
2. On ne..... jamais les moments consacrés à l'étude.
3. Nous..... le vice.....
4. L'avare..... richesses sur richesses.
5. Le bien mal acquis ne..... jamais.
6. Il faut..... le bien pour le mal.
7. La tourterelle.....
8. L'enfant sage..... toujours la société des enfants vicieux.
9. La fourmi ..... aux hommes l'exemple de l'activité.
10. Nous....., toujours à nos parents et à nos maîtres.

Verbes: Haïr, profite, roucoule, récompensera, regrette, punira, entasse, rendre. obéirons, donne, évite.

172e Exercice. *Indiquer la* personne *de chacun des verbes du* 168e *exercice. Employer les abréviations* (1re pers.), (2e pers.), (3e pers.).

173e Exercice. *Indiquer en abrégé la* personne *et le* nombre *de chacun des verbes du* 169e *exercice.*

174e Exercice. *Même devoir que précédemment sur les verbes du* 170e *exercice.*

175e Exercice. INVENTION. *Remplacer les points par les verbes convenables choisis dans la liste donnée. — Pour la signification des mots marqués d'un astérisque, voir l'exercice suivant.*

INTRÉPIDITÉ DES GAULOIS.

Quand les Gaulois n'avaient point d'ennemi à....., ils luttaient contre les éléments * : on les voyait, pendant l'orage,..... le tonnerre et..... leurs flèches dans les nues comme pour le.....; ils se plaisaient à..... le glaive * à la main contre les torrents * débordés ou contre la mer en courroux *.

Un grand nombre d'entre eux se faisaient un honneur d'..... au combat sans casque, sans cuirasse et sans bouclier, armés seulement de leur épée et de leurs javelots *, pour faire..... qu'ils ne redoutaient pas les blessures.

Verbes Défier*, marcher, braver *, combattre, aller, lancer, voir.

176e Exercice. *Copier ce qui suit .*

SIGNIFICATION DES MOTS MARQUÉS D'UN ASTÉRISQUE DANS L'EXERCICE PRÉCÉDENT.

1. *Éléments.* Les anciens appelaient *éléments* l'air, l'eau, la terre et le feu.

2. *Glaive.* Épée tranchante.

3. *Torrents.* Cours d'eau rapides et impétueux qui n'existent ordinairement qu'à certaines époques de l'année, au moment des grandes pluies ou de la fonte des neiges.

4. *Courroux.* Grande colère.

5. *Javelot.* Espèce de dard.

6. *Défier.* Provoquer au combat.

7. *Braver.* Affronter.

177ᵉ Exercice. *Indiquer à quel temps (présent, passé ou futur) sont les verbes écrits en italique.*

J'*aide* mes parents dans leurs travaux.

Dieu *a dit* à l'homme : Tu *mangeras* ton pain à la sueur de ton front.

J'*étudie* mon catéchisme en ce moment.

Ces enfants *ont* bien *récité* leurs leçons.

Je *rendrai* toujours le bien pour le mal.

Nous *avons pris* un repos nécessaire.

La paresse *a réduit* ces hommes à la misère.

178ᵉ Exercice. *Comme le précédent.*

Aux petits des oiseaux Dieu *donne* la pâture.

Vous *serez* heureux si vous faites le bien.

La venue de Jésus-Christ *a été annoncée* par les prophètes.

Je *répondrai* à votre lettre; j'*écrirai* aussi à votre frère.

Dieu *a donné* des bornes à la mer.

Le Seigneur *bénit* les enfants soumis et respectueux; il *châtiera* au contraire les enfants rebelles.

Nous *marchons* trop lentement : nous *n'arriverons* pas.

179ᵉ Exercice. *Comme le précédent.*

LA NOIX.

Deux petits garçons *trouvèrent* une noix sous un arbre. « Elle *est* à moi, dit Pierre, car c'est moi qui l'*ai vue* le premier. — Non, elle m'*appartient*, *reprit* Bernard, car c'est moi qui l'*ai ramassée*. » Là-dessus une violente querelle *s'engagea* entre eux. « Je *veux* vous mettre d'accord, » *dit* un passant. Il se *plaça* entre les deux petits garçons, *cassa* la noix et *dit* : « L'une des coquilles *appartient* à celui qui l'*a ramassée*; quant à l'amande, je la *garde* pour prix du jugement que j'*ai porté*. Sachez, *ajouta*-t-il en riant, que c'est ainsi que se *terminent* la plupart des procès. »

180ᵉ Exercice. *Copier et apprendre ce qui suit :*

DES TEMPS SIMPLES ET DES TEMPS COMPOSÉS.

MODE INDICATIF.

Temps simples. Présent, Imparfait, Passé défini, Futur.
Temps composés. Passé indéfini, Passé antérieur, Plus-que-parfait, Futur antérieur.

MODE CONDITIONNEL.

Temps simple. Présent.
Temps composé. Passé (1re et 2e formes).

MODE IMPÉRATIF.

Temps simple. Présent.

MODE SUBJONCTIF.

Temps simples. Présent, Imparfait.
Temps composés. Passé, Plus-que-parfait.

MODE INFINITIF.

Temps simples. Présent, Participe présent.
Temps composés. Passé, Participe passé.

181e Exercice. *Copier les verbes suivants et indiquer entre parenthèses le n de la conjugaison.* — Exemple : ENTRER (1re).

Pardonner, dormir, descendre, émouvoir, abandonner, coudre, naître, croire, servir, revoir, dire, secourir, plaindre, parvenir, vivre, déserter, pouvoir, vouloir, conclure, lire, acquérir, devoir, souffrir, suivre, plaire, teindre, partir, prévoir, cuire, suffire, asseoir, promettre, maintenir, pouvoir, fuir, conseiller, médire, pleuvoir, paraître, croître, détourner, feindre, savoir, établir, avoir.

182e Exercice. *Comme le précédent.*

Triompher, haïr, dissoudre, fortifier, satisfaire, arriver, régir, flairer, mugir, mordre, commander, battre, digérer, jaunir, semer, traire, voir, affaiblir, savoir, défendre, apercevoir, poursuivre, déchirer, tendre, couvrir, abattre, prévaloir, recevoir, guérir, assaisonner, détruire, guetter, maigrir, nuire, remplir, rire, oublier, endurcir.

4.

183e Exercice. *Trouver le présent de l'infinitif des verbes en italique des exercices 177, 178, 179 et indiquer la conjugaison.*

184e Exercice. *Copier l'exercice suivant et indiquer entre parenthèses, après les verbes en italique, le présent de l'infinitif de chacun de ces verbes.*

LE VASE DE SOISSONS.

Un jour les Francs *avaient enlevé* dans une église qui *dépendait* du diocèse de Reims tous ses ornements, et entre autres un vase d'une grandeur et d'une beauté merveilleuses. L'évêque de Reims, saint Remi, *envoya* un messager au roi pour le prier de le lui restituer. Le roi, *ayant entendu* la demande, *dit* au messager :

— *Suis*-nous jusqu'à Soissons ; là se *fera* le partage du butin ; quand ce vase *sera entré* dans ma part, je *ferai* ce que l'évêque *désire*.

185e Exercice. *Comme le précédent.*

LE VASE DE SOISSONS (suite).

Les Francs étant donc *arrivés* à Soissons et tout le butin *ayant été entassé* en un lieu, le roi se *prit* à dire :

— Braves guerriers, je vous *prie* de me donner, en sus de ma part, ce vase que voici.

C'était le vase en question. Le roi *ayant parlé* de la sorte, les plus sensés *répondirent* :

— Glorieux roi, toutes les choses que nous *voyons* ici *sont* à toi, et nous-mêmes nous *sommes soumis* à ton commandement : *fais* donc ce qu'il te *plaît*, car nul ne *peut* résister à ton pouvoir.

186e Exercice. *Comme le précédent.*

LE VASE DE SOISSONS (suite).

Quand ils *eurent* (ainsi) *parlé*, un Franc envieux, étourdi et vain, *éleva* la voix, et *frappant* le vase de sa hache :

— Tu n'*auras* de tout cela que ce que le sort te *donnera*.

A ces paroles, tous *restèrent* stupéfaits ; mais le roi *prit* l'insulte en douceur. *Ayant* (ensuite) *obtenu* le vase, il le *rendit* au député de l'évêque ; mais il *garda* au fond de son cœur le ressentiment de son affront.

187ᵉ Exercice. *Comme le précédent.*

LE VASE DE SOISSONS (suite).

Un an se *passa*, au bout duquel il *ordonna* à toute sa troupe de s'assembler au Champ-de-Mars, pour y montrer ses armes reluisantes. *Ayant passé* tous les autres en revue, il *vient* à celui qui *avait frappé* le vase et lui *dit* :

— Personne ici n'*a* des armes aussi mal *tenues* que toi ; ta lance, ton épée et ta hache ne *sont* pas en état de servir.

Et là-dessus, lui *arrachant* sa hache, il la *jeta* à terre. L'homme se *baissa* pour la ramasser, et le roi, *levant* alors des deux mains sa propre hache, la lui *enfonça* dans le crâne.

— Ainsi *as-*(tu) *fait* au vase de Soissons, lui dit-il.

Ayant (de la sorte) *tué* celui-là, il *ordonna* aux autres de se retirer, et se *fit* par cette action grandement redouter.

188ᵉ Exercice. *Remplacer les points par les sujets convenables choisis dans la liste donnée. — Faire la question convenable pour trouver ces sujets.*

1..... (qui est-ce qui?) *tombe*.
2..... *détruisent* beaucoup d'insectes.
3..... *sont* des animaux très-utiles.
4..... *est* un être raisonnable.
5..... *sont* tous les enfants de Dieu.
6..... *est* un globe lumineux qui éclaire la terre et la féconde.
7..... *sont* des corps lumineux.
8..... *tourne* autour de la terre dans l'espace d'un mois.
9..... *est* un espace de cent ans.
10..... *environne* de toutes parts le globe terrestre.

Sujets : Le soleil, les étoiles, la pluie, les chevaux, l'homme, les hommes, les hirondelles, l'air, la lune, un siècle.

189ᵉ Exercice. INVENTION. *Comme le précédent.*

1..... (qui est-ce qui?) *tourne*.
2..... *coasse*.

3..... *exhalent* un parfum des plus suaves.
4..... *est* un oiseau nocturne (de nuit).
5..... *gronde*.
6..... *sont* les enfants de Dieu.
7..... *couve* ses œufs.
8..... *dresse* le cheval.
9..... *tourmente* les méchants.
10..... *pardonne* aisément à son enfant.

Sujets : Le tonnerre, la poule, la grenouille. la girouette, le hibou, nous, l'écuyer, une mère, le remords.

190ᵉ Exercice. *Trouver les* sujets *des verbes entre parenthèses*.

Copier l'exercice, écrire les questions et les réponses trouvées. Ces réponses seront les sujets *cherchés*.

(Il ne faut pas oublier que IL, ELLE, ILS, ELLES sont toujours *sujets* et remplacent un nom précédemment exprimé qu'il faudra faire connaître.

JE (mis pour *moi*, la personne qui parle); TU (mis pour *toi*, la personne à qui l'on parle), sont aussi toujours sujets des verbes qu'ils accompagnent.

COMME IL FAUT S'AIMER ENTRE FRÈRES.

En ce temps-là, il n'y avait pas des forgerons par toute la terre ; et les marchands de Madian * (*passaient*) avec leurs chameaux *, portant des épices *, de la myrrhe *, du baume * et des outils de fer.

(Qui est-ce qui) *passaient?*

Et Ruben (*acheta*) une hache aux marchands ismaélites ; il la (*paya*) cher, car il n'y en avait pas une seule dans la maison de son père.

(Qui est-ce qui) *acheta* une hache ?

(Qui est-ce qui) la *paya* cher? *il*, mis pour....

191ᵉ Exercice. *Comme le précédent*.

(*) Voir à la suite de l'exercice les explications données sur les mots surmontés d'un astérisque.

COMME IL FAUT S'AIMER ENTRE FRÈRES (suite).

Et Siméon (*dit*) à Ruben son frère : « Prête-moi, je te (*prie*), ta hache. » Mais Ruben le (*refusa*) et ne (*voulut*) pas.

(Qui est-ce qui) *dit* à Ruben?
(Qui est-ce qui) te *prie?*
(Qui est-ce qui) le *refusa* et ne *voulut* pas?

Lévi lui (*dit*) aussi : « Mon frère, prête-moi ta hache, je te (*prie*). » Et Ruben le (*refusa*) de même.

(Qui est-ce qui) lui *dit?*
(Qui est-ce qui) te *prie?*
(Qui est-ce qui) le *refusa?*

192ᵉ Exercice. *Comme le précédent.*

COMME IL FAUT S'AIMER ENTRE FRÈRES (suite).

Alors Juda (*vint*) trouver Ruben, et le (*supplia*) en disant : « Voyons! tu m'(*aimes*), et je t'(*ai* toujours *aimé*); ne me refuse pas de me servir de ta hache. »

(Qui est-ce qui) *vint* trouver Ruben et le *supplia?*
(Qui est-ce qui) m'*aime?*
(Qui est-ce qui) t'*ai* toujours *aimé?*

Mais Ruben se (*détourna*) de lui et le (*refusa*) comme les autres.

Or il arriva que Ruben (*tailla*) du bois sur le bord de la rivière, et que sa hache (*tomba*) dans l'eau, et qu'il ne (*put*) venir à bout de la retrouver.

(Qui est-ce qui) se *détourna* et *refusa?*
(Qui est-ce qui) *tailla* du bois?
(Qui est-ce qui) *tomba* dans l'eau?
(Qui est-ce qui) ne *put* venir à bout? *il*, mis pour....

193ᵉ Exercice. *Comme le précédent.*

COMME IL FAUT S'AIMER ENTRE FRÈRES (suite).

Mais Siméon, Lévi et Juda (*envoyèrent*) un messager avec de l'argent chez les Ismaélites et *achetèrent* une hache. Alors

Ruben (*vint*) à Siméon et lui (*dit*) : « J'(*ai perdu*) ma hache, et mon ouvrage (*reste*) à moitié fait ; prête-moi la tienne, je te (*prie*). »

(Qui est-ce qui) *envoyèrent* un messager et *achetèrent ?*
(Qui est-ce qui) *vint* et *dit ?*
(Qui est-ce qui) *a perdu* sa hache ?
(Qui est-ce qui) *reste* à moitié fait ?
(Qui est-ce qui) te *prie ?*

194ᵉ Exercice. *Comme le précédent.*

COMME IL FAUT S'AIMER ENTRE FRÈRES (suite).

Siméon lui (*répondit*) : « Tu (*n'as pas voulu*) me prêter ta hache, ainsi je ne te (*prêterai*) pas la mienne. » Alors Ruben (*vint*) trouver Lévi et lui (*dit*) : « Mon frère, (*tu*) connais la perte que j'(*ai faite*) et mon embarras ; prête-moi ta hache, je te (*prie*).

(Qui est-ce qui) *répondit ?*
(Qui est-ce qui) n'*a* pas *voulu ?*
(Qui est-ce qui) ne *prêtera* pas la sienne ?
(Qui est-ce qui) *vint ?*
(Qui est-ce qui) *dit ?*
(Qui est-ce qui) *connaît ?*
(Qui est-ce qui) *a faite ?*
(Qui est-ce qui) *prie ?*

195ᵉ Exercice. *Comme le précédent.*

COMME IL FAUT S'AIMER ENTRE FRÈRES (suite).

Lévi lui (*fit*) des reproches en disant : « Tu (*n'as pas voulu*) me prêter ta hache lorsque j'en (*ai eu*) envie ; mais je (*veux*) être meilleur que toi, et je te (*prêterai*) la mienne. »

(Qui est-ce qui) *fit* des reproches ?
(Qui est-ce qui) n'*a* pas *voulu ?*
(Qui est-ce qui) en *a eu* envie ?
(Qui est-ce qui) *veut* être meilleur ?
(Qui est-ce qui) *prêtera* la sienne ?

196ᵉ Exercice. *Comme le précédent.*

COMME IL FAUT S'AIMER ENTRE FRÈRES (suite).

Ruben (*fut blessé*) de la réprimande de Lévi, et, tout confus, il le (*quitta*) et ne (*prit*) pas sa hache ; mais il (*chercha* son frère Juda.

(Qui est-ce qui) *fut blessé ?*
(Qui est-ce qui) *quitta* et ne *prit* pas? *il*, mis pour....
(Qui est-ce qui) *chercha? il*, mis pour....

197ᵉ Exercice. *Comme le précédent.*

COMME IL FAUT S'AIMER ENTRE FRÈRES (suite).

Et lorsqu'il (*fut venu*) auprès de Juda, celui-ci (*vit*) à son air qu'il (*était*) plein de mécontentement et de honte, et il le (*prévint*) en lui disant : « Mon frère, je (*sais*) ce que tu (*as perdu*); mais pourquoi te troubler? voyons! n'(*ai-je*) pas une hache qui (*peut*) nous servir à tous les deux? Prends-la, je te (*prie*), et uses-en comme de la tienne. »

(Qui est-ce qui) *fut venu?*
(Qui est-ce qui) *vit? celui-ci*, mis pour....
(Qui est-ce qui) *était* plein de mécontentement? *il*, mis pour....
(Qui est-ce qui) le *prévint?* il, mis pour ...
(Qui est-ce qui) *sait?*
(Qui est-ce qui) *a* une hache?
(Qui est-ce qui) *peut* servir? *qui*, mis pour....
(Qui est-ce qui) te *prie?*

198ᵉ Exercice. *Comme le précédent.*

COMME IL FAUT S'AIMER ENTRE FRÈRES (suite).

Ruben se (*jeta*) à son cou, l'(*embrassa*) en pleurant, et lui (*dit*) : Ta complaisance (*est*) grande ; ta bonté à oublier mes torts (*est*) encore plus grande ; tu (*es*) vraiment mon frère, et tu (*peux*) compter que je t'(*aimerai*) tant que je (*vivrai*).

(Qui est-ce qui) se *jeta* et l'*embrassa?*
(Qui est-ce qui) lui *dit?*
(Qui est-ce qui) *est* grande?

(Qui est-ce qui) *est* encore plus grande?
(Qui est-ce qui) *est* vraiment, etc. ?
(Qui est-ce qui) *peut* compter?
(Qui est-ce qui) *t'aimera?*
(Qui est-ce qui) *vivra?*

199ᵉ Exercice. *Comme le précédent.*

COMME IL FAUT S'AIMER ENTRE FRÈRES (suite et fin).

Et Juda lui (*dit*): « Aimons aussi nos autres frères; ne (*sommes*)-nous donc pas tous du même sang? »

Or, Joseph (*vit*) ces choses, et les (*rapporta*) à son père Jacob.

Et Jacob (*dit*) : « Ruben (*a* mal *fait*), mais il s'*est repenti.* Siméon aussi (*a* mal *fait*); Lévi n'*a* pas *été* tout à fait exempt de reproches.

« Mais le cœur de Juda (*est*) celui d'un prince *. Juda (*a*) l'âme d'un roi. Ses enfants se (*prosterneront*) devant lui, et il (*régnera*) sur ses frères. (FRANKLIN.)

(Qui est-ce qui) *dit?*
(Qui est-ce qui) *est* du même sang?
(Qui est-ce qui) *vit?* qui *rapporta?*
(Qui est-ce qui) *dit?*
(Qui est-ce qui) *a* mal *fait?*
(Qui est-ce qui) s'*est repenti?*
(Qui est-ce qui) aussi *a* mal *fait?*
(Qui est-ce qui) n'*a* pas *été* exempt?
(Qui est-ce qui) *est* celui d'un prince?
(Qui est-ce qui) *a* l'âme?
(Qui est-ce qui) *régnera?*

200ᵉ Exercice. *Copier ce qui suit.*

(Explication des mots marqués d'un astérisque dans les exercices précédents).

De Madian. Contrée voisine de la Palestine, peuplée par les Ismaélites ou descendants d'Ismaël, fils d'Abraham et d'Agar.

Chameau. Le chameau est un animal plus grand que le cheval, remarquable par son long cou, sa petite tête et la bosse qu'il a sur le dos. Il sert à porter les fardeaux dans les solitudes brûlantes des déserts.

Les épices. Les *épices* sont des substances destinées à l'assaisonnement des mets, tels que le poivre, la cannelle, etc.

La myrrhe, le baume. La *myrrhe* et le *baume* sont aussi des substances végétales qu'on extrait du suc de certaines plantes et qu'on emploie comme parfums ou comme remèdes.

Cœur de prince, âme d'un roi. Ces expressions désignent un cœur généreux, une grande âme.

(Notes extraites du *Recueil des morceaux choisis,* par MM. Marguerin et Michel.)

201ᵉ Exercice. *Accord du verbe avec son sujet. Indiquer en abrégé la* personne *et le* nombre *des* verbes. — *Les sujets sont entre parenthèses ( ).*

1. (L'enfant) *doit* le respect à tous ses supérieurs.

2. (J') *évite* avec soin les courants d'air.

3. (Les fausses promesses) *irritent* plus que les refus.

4. (La sobriété) et (la simplicité) dans l'apprêt des mets. *conservent* la santé.

5. (Nous) *obéissons* toujours avec empressement à nos parents.

6. Il ne faut pas que (tu) t'*exposes* nu-tête aux rayons du soleil.

202ᵉ Exercice. *Comme le précédent.*

1. Au jour du jugement, (vous) *rendrez* compte au juge suprême de toutes vos actions.

2. Si (tu) *cherches,* (tu) *trouveras.*

3. (L'ignorance) et (l'avarice) *sont* hideuses.

4. (Je) *respecte* la misère des malheureux.

5. (Vous) *parviendrez* au succès par la persévérance.

6. (Le temps) et (la patience) *adoucissent* les peines et les afflictions.

203ᵉ Exercice. *Conjuguer oralement, puis par écrit, le verbe* avoir *avec les développements ci-dessus.*

MODE INDICATIF.

PRÉSENT.	IMPARFAIT.
En ce moment	*Ce matin*
j'AI du travail.	j'AVAIS mal à la tête.

PASSÉ DÉFINI.	PASSÉ INDÉFINI.
La semaine dernière j'EUS de bonnes places.	*Ce matin* j'AI EU des ennuis.

MODE CONDITIONNEL.

PASSÉ ANTÉRIEUR.	PRÉSENT.
J'eus de la joie dès que j'EUS EU une réponse favorable.	*En allant avec ce mauvais sujet* j'AURAIS des désagréments.
PLUS-QUE-PARFAIT.	PASSÉ (1re FORME).

Plusieurs fois
j'AVAIS EU des craintes.

En me conduisant mieux
j'AURAIS EU plus de contentement.

FUTUR.

Demain
j'AURAI dix ans.

PASSÉ (2e FORME).

En sortant sans permission
j'EUSSE EU des reproches.

FUTUR ANTÉRIEUR.

Avant le soir
j'AURAI EU une explication.

MODE IMPÉRATIF.

PRÉSENT OU FUTUR.

AIE du courage.

MODE SUBJONCTIF.

PRÉSENT OU FUTUR.	PASSÉ.
Il faut que j'AIE du bon vouloir.	*Il est heureux* que j'AIE EU un ami si dévoué.
IMPARFAIT.	PLUS-QUE-PARFAIT.

Il faudrait
que j'EUSSE moins de distractions.

Il aurait fallu
que j'EUSSE EU plus de réserves.

MODE INFINITIF.

PRÉSENT.

AVOIR de la politesse.

PARTICIPE PRÉSENT.

AYANT.

PASSÉ.

AVOIR EU des félicitations.

PARTICIPE PASSÉ.

EU, EUE (fém.), AYANT EU.

204ᵉ Exercice. *Abréviations. Copier le tableau suivant :*

Indicatif présent.	*Conditionnel passé (2ᵉ forme).*
(Ind. prés.)	(Condit. pas. 2ᵉ f.)
Imparfait.	*Impératif.*
(Imp.)	(Impér.)
Passé défini.	*Subjonctif présent.*
(Pas. déf.)	(Subj. prés.)
Passé indéfini.	*Imparfait du subjonctif.*
(Pas. indéf.)	(Imp. du subj.)
Passé antérieur.	*Infinitif présent.*
(Pas. antér.)	(Infin. prés.)
Plus-que-parfait.	*Infinitif passé.*
(Plus-que-parf.)	(Infin. pas.)
Futur simple.	*Passé du subjonctif.*
(Fut. s.)	(Pas. du subj.)
Futur antérieur.	*Plus-que-parfait du subjonctif.*
(Fut. antér.)	(Plus-que-parf. du subj.)
Conditionnel présent.	*Participe présent.*
(Condit. prés.)	(Part. prés.)
Conditionnel passé (1ʳᵉ forme).	*Participe passé.*
(Condit. pas. 1ʳᵉ f.)	(Part. pas.)

205ᵉ Exercice. *Conjuguer au* Présent *de* l'Indicatif *et à* l'Imparfait *les verbes :*

1. Avoir un beau livre.
2. Avoir une jolie toupie.

206ᵉ Exercice. *Conjuguer les mêmes verbes au* Passé défini *et au* Passé indéfini.

207ᵉ Exercice. *Conjuguer au* Passé antérieur *et au* Plus-que-Parfait :

1. Avoir une récompense.
2. Avoir une bonne pensée.

208ᵉ Exercice. *Conjuguer au* Futur simple *et au* Futur antérieur :

1. Avoir bien du mérite.
2. Avoir des inquiétudes.

209ᵉ Exercice. *Conjuguer les verbes de l'exercice précédent au* Conditionnel passé (1ʳᵉ *forme*).

210ᵉ Exercice. *Conjuguer au* Conditionnel passé (2ᵉ *forme*) *les verbes suivants en les faisant précéder des locutions écrites entre parenthèses.*

1. Avoir des prix (*En travaillant mieux*).
2. Avoir des vacances plus agréables (*à une autre époque.*)
3. Avoir une meilleure position (*si j'avais eu une instruction plus étendue*).
4. Avoir un salaire moins élevé (*dans un autre atelier*).

211ᵉ Exercice. *Conjuguer à l'*Impératif *les verbes suivants :*

1. Avoir de la reconnaissance pour ses parents.
2. Avoir du goût pour l'étude.
3. Avoir soin de ne jamais mentir.
4. Avoir du respect pour ses maîtres

212ᵉ Exercice. *Conjuguer au* Présent du Subjonctif, *en les faisant précéder de la locution* Il faut, *les verbes de l'exercice précédent.*

213ᵉ Exercice. *Conjuguer ces mêmes verbes à l'*Imparfait du Subjonctif *en les faisant précéder de la locution* Il faudrait.

214ᵉ Exercice. *Conjuguer au* Plus-que-parfait du Subjonctif *les verbes suivants en les faisant précéder de la locution* Il aurait fallu.

1. Avoir plus de prudence.
2. Avoir des manières plus polies.
3. Avoir plus de persévérance.
4. Avoir moins de distractions en classe.

215ᵉ Exercice. *Conjuguer au* Présent *et au* Passé de l'Infinitif, *au* Participe présent *et au* Participe passé *les verbes du précédent exercice.*

216ᵉ Exercice. *Conjuguer au* Passé du Subjonctif *les verbes suivants en les faisant précéder de la locution* Mes parents sont ravis, tes parents... ses... nos... vos... leurs...

1. Avoir du courage.
2. Avoir du sang-froid.
3. Avoir pitié des malheureux.
4. Avoir de la fermeté.

217ᵉ Exercice. *Changer le nombre des verbes suivants :*

1. Aie.	7. Nous aurons.	13. J'aurais eu.
2. Que vous eussiez.	8. Vous eussiez eu.	14. N. eûmes eu.
3. Ils avaient eu.	9. Nous eûmes.	15. V. aurez eu.
4. Ayez.	10. Que tu aies eu.	16. Il eût eu.
5. Que n. eussions eu.	11. Qu'ils eussent.	17. Vous aviez eu.
6. J'avais eu.	12. Nous avions.	18. Ils auront.

218ᵉ Exercice. *Recopier les verbes de l'exercice précédent et indiquer en abrégé et entre parenthèses à quel* temps, *à quelle* personne *et à quel* nombre *ils sont employés.*

Exemple. Aie. — Impér. 2ᵉ pers. du s.

219ᵉ Exercice. *Changer le nombre des verbes suivants :*

1. Ils eurent eu.	7. Que n. eussions.	13. Il aura eu.
2. Nous avons.	8. Vous auriez.	14. J'aurais.
3. Il a eu.	9. Tu eusses eu.	15. Que tu eusses.
4. Que j'eusse eu.	10. Il avait eu.	16. Vous aurez.
5. Qu'il ait eu.	11. Nous eûmes.	17. Ils auraient eu.
6. Vous aurez.	12. Que n. ayons.	18. Vous eûtes eu.

220e Exercice. *Recopier les verbes de l'exercice précedent et indiquer en abrégé et entre parenthèses à quel temps ils sont employés.*

221e Exercice. *Conjuguer au* Présent de l'Indicatif *et au* Passé défini *le verbe* avoir raison, *avec les sujets suivants :*

Je	Ils	Nous
Vous	Tu	Il
Émile	On	Mon ami.
	Charles et Henri	

222e Exercice. *Comme précédemment, mais en mettant le verbe au* Passé défini *et au* Futur.

223e Exercice. *Exercice avec les mêmes sujets sur le verbe* Avoir la permission, *que l'on conjuguera successivement au* Passé indéfini *et au* Plus-que-Parfait.

224e Exercice. *Remplacer, dans les phrases suivantes, les points par le sujet convenable. A la 3e personne, il faudra quelquefois employer* on *au lieu de* il.

1... *as* de nombreux amis.
2... *a* souvent besoin d'un plus petit que soi.
3... Il faut que tu *aies* plus de complaisance.
4... *a eu* soin de votre basse-cour.
5... Il faudrait que... *eût* dix ans de moins.
6... *ai eu* bien du chagrin.
7... *auras eu* une heureuse chance.
8... Il *aurait fallu* que... *eusse eu* un ami.
9... Il est douteux que... *ait eu* cette idée.
10... *a* toujours tort de ne pas dire la vérité.

225e Exercice. *Comme le précédent.*

1... *auront eu* peur de moi.
2... *eusses eu* plus de plaisir en venant avec nous.
3... *aurez* cette année de longues vacances.
4... *ont eu* des prix.
5... Il faut que... *ayons* plus de vigilance.
6... Dès qu'... *eut eu* votre consentement, il partit.
7... *as eu* des complices.

8... Il est possible que... *aies* raison.
9... *aura* la permission.
10... *avaient eu* des inquiétudes.

226ᵉ Exercice. *Conjuguer aux temps simples de l'*Indicatif (Présent, Imparfait, Passé défini, Futur) *le verbe :*

Être patient.

227ᵉ Exercice. *Conjuguer aux temps composés de l'*Indicatif *le verbe :*

Être exigeant.

228ᵉ Exercice. *Conjuguer aux temps du* Conditionnel *le verbe :*

Être étonné.

229ᵉ Exercice. *Conjuguer à l'*Impératif *les verbes :*

Être honnête.
Être franc.
Être respectueux.
Être aimable.

230ᵉ Exercice. *Conjuguer au* Présent *et au* Passé *de l'*Infinitif, *au* Participe présent *et au* Participe passé *les verbes du précédent exercice.*

231ᵉ Exercice. *Changez le nombre.*

1. Je suis poli.
2. Tu es attentif.
3. Paul est laborieux.
4. Nous sommes prudents.
5. Vous êtes économes.
6. Jules et Charles sont studieux.

232ᵉ Exercice. *Faire passer les six phrases de l'exercice précédent par les 4 temps du* Subjonctif *en les faisant précéder des locutions suivantes :*

Il faut que (*Prés. du Subj.*)
Il faudrait que (*Imp. du Subj.*)
On est bien aise que (*Pas. du Subj.*)
Il aurait fallu que (*Plus-que-parf. du Subj.*)

233ᵉ Exercice. *Changer le nombre.*

1. J'étais.
2. Vous êtes.
3. Ils ont été.
4. J'aurai été.
5. Nous eûmes été.
6. Vous eussiez été.
7. Soyez.
8. Que tu sois.
9. Je serais.
10. Que tu eusses été.
11. Vous serez.
12. Qu'il ait été.
13. Ils furent.
14. Qu'il fût.
15. N. avions été.
16. Ils ont été.
17. Vous seriez.
18. Que tu fusses.

234ᵉ Exercice. *Transcrire l'exercice précédent et indiquer le temps.*

Ex. J'étais. — Imparf. de l'Ind.

235ᵉ Exercice. *Copier l'exercice suivant et indiquer le temps, la personne et le nombre :*

1. J'ai été.
2. Nous serons.
3. Elle était.
4. Vous aurez été.
5. Qu'ils eussent.
6. Que n. ayons été.
7. Nous étions.
8. Vous auriez été.
9. Il eût été.
10. Ils auront été.
11. Vous êtes.
12. Nous eûmes été.
13. Qu'il soit.
14. Sois.
15. Tu serais.
16. Que n. soyons.
17. Qu'elle ait été.
18. Tu avais été.

236ᵉ Exercice. *Compléter les phrases commencées au moyen des attributs suivants :*

Attributs : âgé, laid, méchant.

1. Ce chien est...
2. Ces chiens sont...
3. Cette chienne est...
4. Ces chiennes sont...
5. Ces chevaux sont...
6. Ces ânesses sont...
7. Ce chat et cette chatte sont...

237ᵉ Exercice. *Comme le précédent, mais en employant l'Imparfait de l'Indicatif.*

238ᵉ Exercice. *Faire accorder les attributs avec les noms auxquels ils se rapportent.*

1. Les cerfs sont (*doux*), (*inoffensif*), (*facile*) à apprivoiser.
2. Les couleuvres ne sont pas (*venimeuse*).
3. La feuille du poirier est (*ovale*), (*pointu*), (*denté*), (*luisant*).
4. Les feuilles du poirier sont (*ovale*), (*pointu*), (*denté*), (*luisant*).
5. Le zèbre est (*méfiant*), (*farouche*).
6. Les zèbres sont (*méfiant*), (*farouche*).
7. Les taupes sont plus (*utile*) que (*nuisible*) à l'agriculture.
8. Ce coteau et cette vallée sont (*riant*) et (*fertile*).

239ᵉ Exercice. *Comme le précédent.*

1. Le feu et l'eau sont (*opposé*).
2. Cette histoire et ce conte sont (*amusant*).
3. La pie et le perroquet sont (*criard*).
4. Ma mère et ma sœur sont (*parti*).
5. Les oreilles de l'éléphant sont (*grand*) et (*plat*), sa peau est (*grisâtre*) et (*rude*), ses grosses jambes sont (*terminé*) par une peau calleuse enveloppant ses pieds.
6. Cet ouvrier et cette ouvrière sont (*intelligent*).
7. Ces abricots et ces pêches sont (*excellent*).
8. La fraise et la framboise sont (*mûr*) presque en même temps.

240ᵉ Exercice. *Comme le précédent.*

1. Le prince et la princesse sont (*bienveillant*).
2. Les premières villes et les premiers empires furent (*fondé*) en Asie.
3. Les dents du tigre sont fort (*pointu*) et sa langue est extrêmement (*rude*).
4. Voyez ce vieillard chargé d'années : son front et ses joues sont (*ridé*) et (*flétri*) par l'âge, ses cheveux sont (*blanchi*) par le temps et sa marche est (*vacillant*).
5. La chair du renne est (*succulent*).
6. Les villes d'Herculanum et de Pompéi furent (*englouti*) par le Vésuve, en l'an 79.

241ᵉ Exercice. *Conjuguez au Présent de l'Indicatif et à* l'Imparfait *les verbes* : Être affaibli, épuisé, exténué, *aux personnes suivantes* :

Je ...	Nous ...	Émile et Lucie ...
Vous ...	Tu ...	Céline et Louise . .
Elle ...	Il ...	Elles ...
	Jules et Henri ...	

242ᵉ Exercice. *Conjuguer comme précédemment, mais au* Passé Indéfini *et au* Plus-que-parfait de l'Indicatif *le verbe* : Être obligeant.

243ᵉ Exercice. *Conjuguer comme précédemment, au* Passé défini *et au* Passé antérieur, *le verbe :* Être exact.

244ᵉ Exercice. *Conjuguer comme précédemment le même verbe au* Futur simple *et au* Futur antérieur.

245ᵉ Exercice. *Ajoutez autant d'attributs que l'indique le chiffre placé à la suite du verbe être, et faites l'accord convenable. — Choisissez ces attributs dans la liste donnée.*

1. Les ânes sont... (4)
2. Le cheval est... (3)
3. Les chats sont... (3)
4. Le lézard est... (3)

Attributs : timide, humble, agile, fier, patient, rusé, doux, tranquille, inoffensif, ardent, sobre, voleur, impétueux.

246ᵉ Exercice. *Remplacer les points par les attributs correspondants mis au* genre *et au* nombre *convenables.*

1. Ton frère est (*indisposé*)   ; le mien est (*convalescent*).
2. Ta mère est . . . . ; la mienne est. . . . .
3. Tes parents sont . . . . ; les miens sont . . . .
4. Vos frères et vos sœurs sont. . ; les nôtres sont . . . .
5. Tes sœurs sont . . . . ; les miens sont . . . .

247ᵉ Exercice. *Changer le nombre des phrases suivantes :*

Les fraises sont délicieuses.	Les chiens sont fidèles.
Le chemin est étroit.	Le renard est rusé.
Le blé a été fauché.	Mes amis furent dévoués.
Ces enfants ont été charmants.	Cette lecture est instructive.
Les abeilles sont laborieuses.	L'écureuil est agile.
Le bœuf est vigoureux.	Les soldats ont été intrépides.
L'élève est docile.	Le chasseur est infatigable.

248ᵉ Exercice. *Compléter les phrases commencées au moyen des mots de la phrase modèle, et en faisant varier lorsqu'il y aura lieu les* pronoms, *les* verbes *et les* attributs.

PHRASE MODÈLE :

Henri a été souffrant hier, mais *il est* tout à fait *rétabli* aujourd'hui.

Je...
Lucie...
Henri et Jules...
Ernest et Céline...
Nous...

249ᵉ Exercice. *Comme le précédent.*

PHRASE MODÈLE :

Je serai toujours *obéissant, discret, prudent, poli, complaisant.*

Tu...
Louise...
Anna disait : Je...
Nous...
Henri et Jules...
J'ai dit à Louis et à Zélie : Vous serez...

250ᵉ Exercice. *Souligner le* radical *des verbes suivants :*

Désoler, remplir, recevoir, nourrir, perdre, mordre, gravir, remuer, arrondir, concevoir, descendre, trahir, accorder, punir, confondre, obéir, correspondre, prier, ennuyer, envahir, réussir, répandre, attendre, interrompre, partager, permettre, apercevoir, subir, payer, renouveler, vendre, balancer, guérir, revendre, mordre, agir, crier, tondre, rougir, nourrir, fendre, choisir.

251ᵉ Exercice. *Souligner les* terminaisons *des verbes suivants :*

Réfléchir, nous réfléchissons ; prier, je priais, nous prions ; rendre, nous rendîmes, rendu ; guérir, je guéris, guéri ; concevoir, nous concevons; apercevoir, j'apercevrai, aperçu; perdre, je perdrai, nous perdions, perdu; répondre, il répondit, que nous répondions, répondu.

252ᵉ Exercice. *Copier le verbe* chanter *(quatre temps à la fois, dans l'ordre de la conjugaison).*

253ᵉ Exercice. *Copier le tableau des terminaisons.*

254ᵉ Exercice. *Verbes à conjuguer sur* chanter [1].

1. Porter un lourd fardeau.
2. Aimer son pays.
3. Travailler avec plaisir.
4. Refuser de sortir.
5. Marcher difficilement.
6. Imiter les bons exemples.
7. Pardonner à ses ennemis.
8. Dessiner un paysage.
9. Amasser des trésors.
10. Cultiver son jardin.
11. Écouter attentivement.
12. Consulter ses parents.
13. Parler avec franchise.
14. Répliquer grossièrement.
15. Retarder son voyage.
16. Seconder son père.
17. Greffer un cerisier.
18. Répéter ses leçons.
19. Habiter un logement malsain.
20. Courber la tête.

255ᵉ Exercice. *Remplacer les points par les verbes convenables choisis dans la liste donnée. Ces verbes seront mis au* **Prés.** *de l'Indicatif.*

1. La taupe... des souterrains.
2. Tu... content lorsque tu as bien travaillé.
3. L'ouragan... les sapins de la montagne.
4. Les linots... beaucoup d'insectes.
5. La jeune fille...
6. Le chien... l'aveugle.
7. L'écureuil... la noix.
8. Les chenilles... les feuilles des arbres.
9. L'abeille... de fleur en fleur.
10. Les enfants sages... leurs leçons avec ardeur.

Verbes : Manger, creuser, tricoter, guider, voler, dévorer, étudier, rentrer, déraciner, aimer.

---

1. Le maître fera conjuguer ces verbes verbalement ou par écrit, selon qu'il le jugera convenable.

256ᵉ Exercice. *Conjuguer les verbes suivants aux temps indiqués. Indiquer par les lettres (b) et (m) si les actions qu'expriment les verbes sont bonnes ou mauvaises.*

1. Donner bon exemple à tout le monde (*Prés. Indic.*).
2. Parler contre sa pensée (*Imp. de l'Ind.*).
3. Garder une chose trouvée (*Pas. déf.*).
4. Prêter assistance (*Passé. indéf.*).

257ᵉ Exercice. *Comme le précédent.*

1. Empêcher une injustice (*Passé. indéf. et Pas. antér.*).
2. Réparer le dommage (*Plus-que-parf. et Fut. antér.*).

258ᵉ Exercice. *Comme le précédent.*

1. Pardonner à ses ennemis (*Fut. simple. et Condit. prés.*).
2. Exagérer les faits (*Fut. ant. et Condit. pas. 1ʳᵉ forme*).

259ᵉ Exercice. *Comme le précédent.*

1. Sanctifier le dimanche (*Condit. pas. 2ᵉ forme*).
2. Aimer ses ennemis   (*Impératif*).
3. Donner de bons exemples   (*id.*).
4. Pratiquer la loi de Dieu   (*id.*).

260ᵉ Exercice. *Conjuguer les verbes suivants aux temps indiqués du* Subjonctif *en les faisant précéder des locutions données :*

1. (*Il faut que*) Livrer passage (*Subj. Prés.*).
2. (*Il faudrait que*) Éviter le péché (*Imp.*).
3. (*On est étonné que*) Conserver son sang-froid (*Pas.*).
4. (*Il aurait fallu que*) Épargner quelques centimes chaque jour (*Plus-que-parf.*)

261ᵉ Exercice. *Comme le précédent. Temps du Subjonctif.*

1. (*Il faut que*) Supporter patiemment la douleur (*Subj. prés.*).
2. (*Il serait fâcheux que*) Conseiller une mauvaise action (*Imp.*).
3. (*On est surpris que*) Rejeter une proposition si avantageuse (*Pas.*).

4. (*Il eût été convenable que*) Excuser son camarade (*Plus-que-parf.*).

262ᵉ Exercice. *Conjuguer au* Prés. *et au* Pas. *de l'Infinitif, au* Part. prés. *et au* Part. passé *les verbes du précédent exercice.*

263ᵉ Exercice. *Mettre au* Présent de l'Indicatif *les verbes en italique.*

Je *travailler*. Tu *labourer*. Nous *porter*. Ils *montrer*. L'étoile *briller*. Les élèves laborieux *triompher* de tous les obstacles. Les cultivateurs *rentrer* leurs moissons. Cet enfant *répliquer* insolemment. Les oiseaux *entourer* leurs petits des plus tendres soins. Le prêtre *administrer* les sacrements. Les hirondelles *émigrer* dans les pays chauds. Nous *étudier* avec ardeur. Les vaches nous *donner* le lait; les moutons nous *habiller*; les chiens nous *garder*. Le cultivateur soigneux *arracher* les mauvaises herbes.

264ᵉ Exercice. *Changer le nombre des verbes suivants.*

1. Tu arraches.
2. Il a attaché.
3. Nous avions caché.
4. Ils eurent détaché.
5. Vous aviez fâché.
6. Ils auront gâché.
7. Qu'ils eussent lâché.
8. Ils rattacheraient.
9. Vous auriez bêché.
10. Qu'ils empêchassent.
11. J'eusse cherché.
12. Il recherchera.
13. Vous aurez triché.
14. Qu'ils aient approché.
15. Vous faucheriez.
16. Qu'il piochât.
17. Je raccrocherai.
18. Tu rapprochas.

265ᵉ Exercice. *Placer devant chacun des verbes suivants le pronom que réclame la terminaison.*

1. .. étudies.
2. .. avais labouré.
3. .. écoute.
4. .. adoras.
5. Que .. disperses.
6. .. chanta.
7. .. annoncerais.
8. .. aurai pardonné.
9. .. aurait récolté.
10. .. avais dénoncé.
11. .. aura pensé.
12. .. déjeunas.
13. .. approuva.
14. ... joueront.
15. ... greffent.
16. ... admirons.
17. Que ... travailliez.
18. Que ... bougeasses.

266ᵉ Exercice. *Copier les 9 premiers verbes du 265ᵉ exercice et indiquer en abrégé après chacun d'eux le temps, la personne et le nombre.*

267ᵉ Exercice. *Comme le précédent sur les verbes de l'exercice 265ᵉ à partir du nᵒ 10.*

268ᵉ Exercice. *Achever de conjuguer les phrases suivantes à toutes les personnes des temps indiqués.*

1. Aussitôt que je *dîner* (*Pas. ant.*), je *repasser* (*Pas. déf.*) mes leçons.

2. Si je *dîner* (*Plus-que-parf.*), je *repasser* (*Condit. prés.*) mes leçons.

269ᵉ Exercice. *Comme le précédent.*

1. Aussitôt que je *économiser* (*Plus-que-parf. de l'Ind.*) un peu d'argent, je le *porter* (*Imparf. de l'Ind.*) à la caisse d'épargne.

2. Lorsque je *économiser* (*Fut. ant.*) un peu d'argent, je le *porter* (*Fut. s.*) à la caisse d'épargne.

270ᵉ Exercice. *Achever de conjuguer les phrases suivantes; le premier verbe est à l'Imparfait de l'Indicatif et le second au* Conditionnel présent.

1. Si *j'étais* riche, je *soulagerais* les malheureux.
2. Si *j'avais* un canif, je *taillerais* mon crayon.

271ᵉ Exercice. *Comme le précédent. Le 1ᵉʳ verbe est au* Plus-que-Parfait de l'Indicatif *et le second au* Conditionnel passé.

1. Si j'avais été riche, *j'aurais soulagé* les malheureux.
2. Si *j'avais* été riche, *j'eusse soulagé*.

272ᵉ Exercice. *Faire passer par toutes les personnes de l'*Impératif *les verbes laissés à l'Infinitif dans la phrase suivante :*

N'ennuyer pas les malades par la longueur de (tes) ou (nos) ou (vos) visites; *éviter* surtout de faire du bruit près d'eux ; *souhaiter*-leur une meilleure santé en les quittant.

273ᵉ Exercice. *Conjuguer les verbes suivants au* **Présent** *du* Subjonctif *en les faisant précéder de la locution* Il faut que, *et à l'Imparfait du Subjonctif en les faisant précéder de cette autre locution* Il faudrait que.

1. Étudier ses leçons.
2. Parler plus bas.

274ᵉ Exercice. *Comme le précédent.*

1. Détourner les yeux.
2. Perfectionner son écriture.

275ᵉ Exercice. *Conjuguer les verbes suivants au* **Passé** *du* Subjonctif *en les faisant précéder de la locution* Il est heureux que, *et au* **Plus-que-parfait** *du* Subjonctif *en les faisant précéder de cette autre locution :* Il aurait fallu que.

1. Travailler avec ardeur.
2. Surmonter les difficultés.

276ᵉ Exercice. *Comme le précédent.*

1. Contenter ses maîtres.
2. Triompher de tous les obstacles.

277ᵉ Exercice. *Mettre les verbes au* **Présent** *de l'Indicatif et les faire accorder avec les sujets donnés.*

1. Tu (*parler*).
2. Elle (*chanter*).
3. Le chien (*aboyer*).
4. Je (*marcher*).
5. Tu (*causer*).
6. Tu (*écouter*).
7. Le maître (*réprimander*).
8. L'officier (*commander*).
9. L'élève (*causer*).
10. Le poltron (*reculer*).
11. L'abeille (*bourdonner*).
12. Tu (*copier*).
13. Il (*planter*).
14. Tu (*labourer*).
15. Je (*travailler*).
16. Il (*rentrer*).

278ᵉ Exercice. *Comme le précédent, mais en changeant le nombre des sujets.*

279ᵉ Exercice. *Trouvez un sujet convenable que vous place-*

rez devant les verbes suivants, mis au Présent *de* l'Indicatif. *Ce* sujet *devra être un nom.*

1. Nager.	4. Étudier.	8. Forger.
2. Voler.	5. Beugler.	9. Limer.
3. Filer.	6. Laver.	10. Coasser.
	7. Raboter.	

280ᵉ Exercice. Invention. *Remplacer les points par les verbes convenables choisis dans la liste donnée et souligner les* sujets.

LE VENT.

Dans sa plus grande violence, le vent... les édifices et... les arbres; il... les pierres avec la rapidité du boulet; il produit sur la mer des vagues d'une hauteur énorme, qui... les vaisseaux; il... les eaux, et les... dans l'intérieur des terres où elles... de désastreuses inondations.

Verbes : Occasionnent, déracine, engloutissent, renverse, pousse, soulève, lance.

281ᵉ Exercice. *Conjuguer les verbes* remuer *et* prier *à la* 2ᵉ *pers. du sing. de tous les temps.*

282ᵉ Exercice. *Mettre les verbes au temps convenable :* Imparfait *ou* Passé défini.

VOYAGE DANS L'ILE DES PLAISIRS.

A peine *être*-je arrivé dans cette île que je *trouver* sur le rivage des marchands qui vendaient de l'appétit... Il y *avoir* aussi d'autres gens qui vendaient le sommeil... Comme j'*être* las, j'*aller* d'abord me coucher. Lorsque je *être* éveillé, un marchand d'appétit *venir* me proposer de lui acheter des relais d'estomac qui me permettraient de manger toute la journée. J'*accepter* la condition. Il me *donner* alors douze petits sachets de taffetas que je *placer* sur moi et qui devaient me servir comme douze estomacs pour digérer sans peine douze grands repas en un jour.

283ᵉ Exercice. *Comme le précédent.*

VOYAGE DANS L'ILE DES PLAISIRS (suite).

A peine *avoir*-je pris les douze sachets que je *commen-cer* à mourir de faim. Je *passer* ma journée à faire douze festins délicieux. Dès qu'un repas était fini, la faim me *re-prendre*, et je ne lui *donner* pas le temps de me presser... Le jour suivant, je *jeûner*, pour me délasser des plaisirs de la table. Lorsque je *vouloir* sortir de cette île, je me *placer* dans une petite chaise de bois fort léger et toute garnie de plumes ; à cette chaise j'*ordonner* d'attacher, comme je l'*a-voir* vu faire, quatre grands oiseaux grands comme des autruches... Ces oiseaux *prendre* leur vol... Je *diriger* l'attelage du côté de l'orient. Nous *voler* si rapidement que je manquais presque d'haleine. En une heure j'*ar-river* à destination.

284ᵉ Exercice. *Mettez les verbes suivants au* Passé défini (*3ᵉ pers. du sing., terminaison* **a**) *ou à l'*Imparfait du Subjonctif (*terminaison* **ât**).

1. Le jardinier *planter* hier un houx épineux.
2. Il faudrait que cet enfant *aimer* moins le jeu.
3. On désirerait qu'il *préparer* ses leçons.
4. Cet enfant *étudier* consciencieusement.
5. Ne serait-il pas bon qu'il se *reposer* un instant?
6. Le juge *interroger* accusé.
7. Il serait indispensable que cet élève *chercher* la signi-fication des mots.
8. Le serrurier *fabriquer* un ressort très-ingénieux.
9. On regretterait que cet enfant ne *respecter* pas ses maîtres.
10. Il serait bon que le fermier *surveiller* davantage ses domestiques.

285ᵉ Exercice. *Mettre au pluriel les phrases de l'exercice précédent. Voici les mots qui, indépendamment des verbes, doivent changer :*

1. Les jardiniers... des houx...
2. Il faudrait que ces enfants...
3. On désirerait qu'ils... leurs...
4. Ces enfants...
5. Ne serait-il pas bon qu'ils se...
6. Les juges... les...

7. Il serait indispensable que ces...
8. Les serruriers,... des...
9. On regretterait que ces...
10. Il serait bon que les fermiers... leurs domestiques.

286ᵉ Exercice. *Remplacer les points par la terminaison convenable.*

1. Médire, c'est *révél*... les défauts d'autrui.
2. La politesse doit se *montr*... partout, s'étendre à tout.
3. Jamais on ne doit *laiss*... paraître des traits de fierté ni de mauvaise humeur.
4. En toutes choses, il faut *considér*... la fin.
5. Les vapeurs s'élèvent au-dessus des eaux et vont *form*... les nuages.
6. Le printemps fait *circul*... dans les plantes la séve et les sucs nourriciers.
7. Celui qui ne sait pas *économis*... en même temps qu'il gagne mourra sans rien *posséd*...

287ᵉ Exercice. *Comme le précédent.*

1. Le loisir est un temps qu'un homme vigilant peut *employ*... à quelque chose d'utile.
2. Nous ne pouvons nous *pass*... des autres.
3. Les personnes charitables vont *visit*... les pauvres, les *consol*..., les secourir.
4. Tout grand parleur se fait *mépris*...
5. Il ne faut jamais *siffl*... en compagnie.
6. En hiver, lorsqu'on se chauffe, on ne doit pas *s'empar*... de la cheminée en sorte que les autres ne puissent *approch*... du feu.

288ᵉ Exercice. *Verbes en cer. Conjuguer les verbes suivants aux temps indiqués.*

1. Devancer un ami (*Prés. de l'Ind.* et *Imparf.*).
2. Rincer des bouteilles (*Pas. déf.* et *Fut.*).

289ᵉ Exercice. *Conjuguer à la première pers. du sing. et du plur. de tous les temps composés de l'Indicatif le verbe :*

Commencer une lecture intéressante.

290ᵉ Exercice. *Conjuguer les verbes suivants aux temps indiqués en les faisant précéder, lorsqu'il y aura lieu, des locutions données.*

1. Exercer un métier (*Condit. prés.*).
Si j'étais plus âgé...

2. Ensemencer ses champs (*Cond. passé 1ʳᵉ et 2ᵉ formes*).
Si le temps eût été plus favorable...

3. Lancer une flèche (*Impératif.*).

291ᵉ Exercice. *Comme le précédent.*

1. Courroucer ses parents (*Subj. prés.*).
Il ne faut pas...

2. Placer de l'argent à intérêt (*Imp du subj.*).
Il faudrait que...

3. Espacer trop les lignes (*Pas. du Subj.*).
Il est fâcheux que...

4. Déplacer le meuble (*Plus-que-parf. du Subj.*).
Il aurait fallu que...

292ᵉ Exercice. *Remplacer dans les verbes suivants le point par un* **c** *simple ou par un* **ç**, *d'après les règles données.*

Je tra.*e*, tu commen.*as*, il a ensemen.*é*, tu courrou.*as*, que je lan.*asse*, qu'il défon.*ît*, nous devan.*ons*, nous tra.*erons*, que j'aie rempla.*é*, effa.*ons*, j'avais pla.*é*, nous déla.*âmes*, vous dépla.*âtes*, ils ensemen.*èrent*, vous effa.*eriez*, nous commen.*ions*, j'eus commen.*é*, que tu eusses effa.*é*, que je repla.*asse*.

293ᵉ Exercice. *Changer le nombre des verbes de l'exercice précédent et indiquer le temps en abrégé et entre parenthèses.*

294ᵉ Exercice. *Conjuguer chacun des verbes suivants aux temps composés de l'Indicatif, mais seulement aux personnes indiquées.*

1. Obliger un ami (*1ʳᵉ pers. sing. et plur.*).
2. Négliger son devoir (*2ᵉ pers. sing. et plur.*).

295ᵉ Exercice. *Conjuguer les verbes suivants aux temps indiqués.*

1. Manger avec plaisir un fruit bien mûr (*Condit. prés. et Condit. pas.* 1ʳᵉ *forme*).

2. Obliger volontiers cette honnête famille (*Condit. pas.* 1ʳᵉ *et* 2ᵉ *formes*).

296ᵉ Exercice. *Conjuguer à l'Impératif, au Prés. et à l'Imparfait du Subjonctif les verbes ci-dessous.*

Nota. Faire précéder les verbes au *Subj.* des locutions données.

Prés. (*Il faut que*); Imp. (*Il faudrait que*).

1. Manger proprement.
2. Ménager ses habits neufs.

297ᵉ Exercice. *Conjuguer au* Passé du Subj. *et au* Plus-que-parfait *les verbes ci-dessous.*

Passé (*Le maître est satisfait que...*) — Plus-que-parf. (*Le maître eût désiré que...*).

1. Corriger avec soin son devoir.
2. Ranger avec ordre ses livres.

298ᵉ Exercice. *Conjuguer le verbe* outrager *à toutes les personnes où le* g *doit être suivi d'un* e *muet.*

299ᵉ Exercice. *Verbes en* ger. *Copier ce qui suit, souligner les terminaisons et indiquer le temps de vive voix.*

Nous mangeons, je mangeais, tu mangeais, il mangeait, nous mangions, vous mangiez, ils mangeaient. Je mangeai, tu mangeas, il mangea, nous mangeâmes, vous mangeâtes, ils mangèrent. J'ai mangé, vous aviez mangé, je mangerai, il mangera, tu mangerais, nous mangerions, j'aurais mangé, tu eusses mangé, mange. Mangeons, mangez. Que je mange, que nous mangions, que je mangeasse, que tu mangeasses, qu'il mangeât, que nous mangeassions, que vous mangeassiez, qu'ils mangeassent. Que j'aie mangé, que tu eusses mangé.

300ᶜ Exercice. *Changer le nombre des verbes de l'exercice précédent.*

301ᶜ Exercice. *Conjuguer le verbe* encourager *sur le verbe* manger, *tel qu'il est conjugué dans l'exercice* 126.

302ᵉ Exercice. *Conjuguer au* Prés. de l'Indicatif *et à l'Im-*parfait *les verbes :*

1. Soulager les malheureux.
2. Ranger ses livres.

303ᶜ Exercice. *Conjuguer les verbes de l'exercice précédent au* Passé défini *et au* Futur.

304ᶜ Exercice. *Changement de temps. Mettre tous les verbes au* Passé défini.

Nous *plaçons* nos économies à la caisse d'épargne. Tu *ensemençais* ton champ. Ce charretier *chargeait* trop son âne. Le maire *prononce* des discours. Nous nous *plongeons* avec délices dans les eaux du fleuve. Je *commence* à apprécier l'utilité de l'instruction. Les voleurs *forcent* les serrures. Il *place* tout son espoir en Dieu. Le boulet *s'enfonce* dans la terre. Vous *logez* souvent, faute de mieux, dans de misérables auberges. Je *n'agace* jamais les animaux. Tu *partageras* tes étrennes avec ton frère. Le commandant en chef *range* ses soldats en bataille.

305ᶜ Exercice. *Changer le nombre des* sujets *et des* verbes *de l'exercice précédent, et faire les changements correspondants. — Mettre les verbes laissés à l'*Infinitif *aux temps indiqués entre parenthèses.*

Nous *agacer* (*Prés. de l'Ind.*) les chiens. Saint Jean *annoncer* (*Pas. déf.*) la venue du Messie. Nous *prononcer* (*Prés. de l'Ind.*) certains mots anglais...

On *lancer* (*Pas. déf.*) hier à la mer un vaisseau magnifique.

A la frontière on *exiger* (*Pas. déf.*) nos passe-ports.

Nous tracer (*Prés. de l'Ind.*) des lignes à l'encre de couleur.

Ménager (*Impérat. 1re pers. du plur.*) nos forces.
Nous lacer (*Ind. prés.*) nos bottines.
Nous nager (*Pas. déf.*) facilement.

306e Exercice. *Verbes en* **cler.** *— Copier le verbe suivant :*

Verbe appeler *conjugué aux temps et aux personnes où* l *se double.*

Indicatif présent.

J'   appelle
tu   appelles
il   appelle
. . . .
ils   appellent.

Futur.

J'   appellerai
tu   appelleras
il   appellera
nous appellerons
vous appellerez
ils   appelleront.

Conditionnel présent.

J'   appellerais
tu   appellerais
il   appellerait
nous appellerions
vous appelleriez
ils   appelleraient.

Impératif.

Appelle.

Subjonctif présent.
Que j' appelle
que tu appelles
qu'il   appelle
. . . .
qu'ils appellent.

307e Exercice. *Conjuguer sur le modèle précédent le verbe* jeter. (*Le* t *se double aux mêmes temps et aux mêmes personnes que* l *dans le verbe* appeler.)

308e Exercice. *Conjuguer jusqu'au Conditionnel le verbe* niveler son champ.

309e Exercice. *Conjuguer tous les temps à partir du Conditionnel le verbe :* Cacheter sa lettre.

(Loc. p. le subj. Il faut que ...   Il est heureux que ...
  —   Il faudrait que ... Il aurait fallu que ...)

310° Exercice. *Verbes qui ont un* **e** *muet ou un* **é** *fermé à l'avant-dernière syllabe.*

Faire deux listes des verbes suivants : la 1re comprenant ceux qui ont un **e** *muet; la 2e ceux qui ont un* **é** *fermé à l'avant-dernière syllabe.*

1. — Soulever. — 2. Régler. — 3. Modérer. — 4. Promener — 5. Achever. — 6. Sécher. — 7. Peser. — 8. Relever. — 9. Opérer. — 10. Célébrer. — 11. Emmener. — 12. Espérer. — 13. Altérer. — 14. Crever. — 15. Précéder. — 16. Enlever. 17. Posséder. — 18. Prélever. — 19. Succéder. — 20. Vénérer. — 21. Considérer. — 22. Sevrer. — 23. Exagérer. — 24. Accélérer. — 25. Persévérer.

311° Exercice. *Copier ce qui suit :*

Verbes qui ont un **e** *muet ou un* **é** *fermé à l'avant-dernière syllabe.*

Verbe lever *conjugué aux temps et aux personnes où l'*e *muet se change en* **é** *ouvert.*

Indicatif présent.

Je   lève
tu   lèves
il   lève

. . . .

ils   lèvent.

Futur.

Je   lèverai
tu   lèveras
il   lèvera
nous   lèverons
vous   lèverez
ils   lèveront.

Conditionnel présent.

Je   lèverais
tu   lèverais
il   lèverait
nous lèverions
vous lèveriez
ils   lèveraient.

Impératif.

Lève.

Subjonctif présent.

Que je lève
que tu lèves
qu'il   lève

. . . .

qu'ils lèvent.

312° Exercice. *Conjuguer au* Présent de l'Indicatif, *à l'Im-*pératif *et au* Subjonctif présent *les verbes suivants :*

Régler sa montre.
Sécher ses habits.
Espérer en Dieu.

(Locution pour le subjonctif : Il faut que...*)*

313° Exercice. *Conjuguer jusqu'au Conditionnel le verbe :* Achever son devoir.

314ᵉ Exercice. *Conjuguer à tous les temps à partir du Conditionnel le verbe de l'exercice précédent.*

(*Locut. pour le subj.* :   Il faut que...   Il faudrait que...
On est satisfait que...   Il aurait été à désirer que...)

315ᵉ Exercice. *Conjuguer à tous les temps simples le verbe :* Prier avec ferveur.

(*Locut. pour le subj.* :   Il faut que...   Il faudrait que...)

316° Exercice. *Conjuguer comme précédemment le verbe :* Vérifier ses comptes.

317ᵉ Exercice. *Conjuguer à l'Imparfait de l'Indicatif, au* Futur, *au* Condit. prés *et au* Prés. du Subjonctif *le verbe :* Contrarier ses parents.

TABLE DES MATIÈRES

CHAPITRE PREMIER

CHAPITRE II

CHAPITRE III

CHAPITRE IV

A LA MÊME LIBRAIRIE

Nouvelle grammaire française, par M. L. Saint-Germain, ouvrage adopté pour les écoles municipales de la ville de Paris; complétée et divisée en trois cours conformément au programme officiel, par M. A. Charles, agrégé de l'Université, proviseur au lycée de Douai, et par M. E. Richez, ancien instituteur, professeur de l'enseignement secondaire spécial au lycée de Douai.

    1re partie. Cours élémentaire. 1 vol. cart. . . . . . . » 60
    2e   —   Cours intermédiaire. 1 vol. cart. . . . . 1 »
    3e   —   Cours supérieur. 1 fort vol. cart. . . . 2 50

Histoire Sainte pour les petits enfants, ouvrage imprimé en gros caractères, par M. l'abbé Autié, chanoine honoraire de Nimes. 1 vol. cart . . . . » 60

Histoire Sainte, par M. Ch. Marie, professeur agrégé. (Ouvrage adopté pour les écoles municipales de la ville de Paris.) 1 vol. cart. » 80

Histoire de France, par *le même.* 1 vol. cart. . . » 80

La Lecture rationnelle des commençants, ou premier livre de lecture courante, par F.-A. Noel. 1 vol. cart. » 60

Les Agréments de la veillée, entretiens d'un instituteur avec ses élèves, par E. Castagné. 1 fort vol. cart. . . 1 50

Atlas des commençants par L. Vat, contenant 11 cartes coloriées avec texte en regard, conforme au programme officiel. 1 vol. in-4° cart., titre or. . . . . 1 »

Atlas de tracés géographiques, pour servir à l'étude de la Cartographie. In-4° carré, composé de 18 cartes muettes et simples tracés de projection. . . . . » 30

Cent cinquante Leçons graduées et pratiques ou cours de composition française et de style épistolaire, à l'usage des écoles primaires et des classes élémentaires des maisons d'éducation, par S. M. Laberguery, instituteur. 1 vol. cart. » 80
    La partie du maître. 1 vol. cart. 2 25

Sceaux. — Typ. et stéréot. M. et P.-E. Charaire.